JAPAN/MARC マニュアル

単行・逐次刊行資料編

第1版

国立国会図書館　編
㈳日本図書館協会　発行
2002

JAPAN/MARC Manual

Monographs & Serials
First edition

National Diet Library
2002

目　　次

1. はじめに …………………………………………………………… 1
2. 収録範囲と内容 …………………………………………………… 2
3. フォーマットとデータ内容 ……………………………………… 5
4. 記述とアクセス・ポイントの対応づけ ………………………… 6
5. アクセス・ポイントの読みと分かち書き ……………………… 8
6. レコード中の文字表現 …………………………………………… 8
7. 特殊記号の用法 …………………………………………………… 9
8. 書誌データの文字表現形式 ……………………………………… 10
9. 関連規格一覧 ……………………………………………………… 12
10. 用語の説明 ………………………………………………………… 14
11. 書誌レコードの内容 ……………………………………………… 16
12. データ要素一覧 …………………………………………………… 20
13. データ例示 ………………………………………………………… 27
14. データ要素概要 …………………………………………………… 33
　　0－　識別ブロック ……………………………………………… 33
　　1－　コード化情報ブロック …………………………………… 39
　　2－　記述ブロック（1）………………………………………… 46
　　3－　記述ブロック（2）………………………………………… 63
　　4－　記入リンクブロック ……………………………………… 71
　　5－　アクセス・ポイント・ブロック（タイトル標目）……… 74
　　6－　アクセス・ポイント・ブロック（件名標目・分類記号）… 83
　　7－　アクセス・ポイント・ブロック（著者標目）…………… 89
　　8－　国際的使用ブロック ……………………………………… 95
　　9－　国内的使用ブロック ……………………………………… 98
15. 旧フォーマットで使用していたフィールド・サブフィールド ………… 103
付録A－1　書誌データに使用する文字種取り扱い基準 …………… 106
　　　　　　（2002年4月以降に適用）
付録A－2　和図書データに使用する文字種取り扱い基準 ………… 109
　　　　　　（1998年1月から2002年3月まで適用）
付録A－3　漢字等の字種採用の基準（1997年12月以前に適用）…… 112
付録B－1　アクセス・ポイントのカナ形サブフィールドにおけるカナ表記要領　115
　　　　　　（2002年4月以降に適用）
付録B－2　アクセス・ポイントのかな表記要領（2002年3月以前に適用）… 126
付録C－1　アクセス・ポイントのローマ字形サブフィールドにおけるローマ字　135
　　　　　　表記要領（2002年4月以降に適用）
付録C－2　アクセス・ポイントのローマ字表記要領（2002年3月以前に適用）… 137
付録D　　使用コード一覧 …………………………………………… 139
付録D－1　都道府県コード表 ……………………………………… 140
付録D－2　新官庁コード表 ………………………………………… 145
付録D－3　旧官庁コード表 ………………………………………… 148
付録E　　国立国会図書館分類表（大要）………………………… 151
付録F－1　文字セット／コード（ＥＢＣＤＩＣコード表）……… 152
付録F－2　文字セット／コード（漢字コード表）………………… 153
付録G　　追加文字一覧 ……………………………………………… 154
付録H　　連絡先 ……………………………………………………… 183

1. はじめに

　当館では、国内出版物の書誌情報を、カード形態の印刷カード、冊子形態の『日本全国書誌』、磁気テープの『JAPAN/MARC　図書編（M）』と『JAPAN/MARC　逐次刊行物編（S）』、CD-ROMの『J-BISC』という多様な出力形態で提供してきた。これらのうち、『JAPAN/MARC（M）』は1981年に、『JAPAN/MARC（S）』は1988年にデータの頒布を開始し、以来別々のフォーマットを作成・維持してきている。しかしながら、今回JAPAN/MARCフォーマットを改訂することにより、JAPAN/MARC（M）フォーマットとJAPAN/MARC（S）フォーマットを統一することとなった。このことにより、明治期・大正期・昭和期から現在に至る国内出版物の書誌データを1つのフォーマットで提供していくことになる。ただし、フォーマットは統一したが、頒布は『JAPAN/MARC（M）単行資料の部』、『JAPAN/MARC（S）逐次刊行資料の部』に分けて行う。

　JAPAN/MARCフォーマットは、1978年に公共・大学・専門各図書館、関係省庁、情報流通諸機関、出版界、通信事業などからの代表および学識経験者を委員もしくは専門委員に委嘱し、当館の関係職員が加わった「国立国会図書館ジャパン・マーク審議会」を設置し、その審議を経て決定されたものである。その後『JAPAN/MARC』はわが国の基本MARCとして国の内外に広く利用されてきたが、1998年に一度改訂され、今回はそれに続く改訂になる。今回の改訂フォーマットによる頒布は、『JAPAN/MARC（M）単行資料の部』については2002年4月から開始している。『JAPAN/MARC（S）逐次刊行資料の部』については2003年7月から開始する。

　『JAPAN/MARC（M）』のマニュアルは、1988年に『JAPAN/MARCマニュアル』、1992年に『JAPAN/MARCマニュアル　図書編　第1版』、1998年に『同　第2版』を刊行している。『JAPAN/MARC（S）』のマニュアルは、1988年に『JAPAN/MARCマニュアル　逐次刊行物編　第1版』を刊行している。本マニュアルは、今回のJAPAN/MARC（M）フォーマットとJAPAN/MARC（S）フォーマットの統一および改訂にともない、全面的に書き換えて刊行するものである。

2.　収録範囲と内容

　本マニュアルが対象とする『ＪＡＰＡＮ／ＭＡＲＣ』においては、国立国会図書館法第２３条、第２４条、第２４条の２および第２５条の規定によって、国立国会図書館に納入、寄贈、遺贈、購入、移管された出版物を扱っている。

　資料の種類別では、一般図書、官庁刊行物、児童図書、各種資格試験関係図書、国内刊行洋図書、非図書資料および逐次刊行物などが主たる収録内容である。

　単行資料のうち、1997年以前は原則として1948年以降に刊行された国内出版物に限って収録していた。1998年以降は、収録範囲を拡大し、国内出版物は1947年以前刊行のものも含めたすべてとし、さらに、外国刊行の日本語出版物や非図書資料（小冊子の一部、音盤等を除く）も収録している。

　逐次刊行資料については、雑誌・新聞・通信のほか、年鑑・年報およびこれに準ずるものを対象とし、帝国図書館旧蔵分も含めて収録している。

　データが準拠している目録規則、分類表、件名標目表は時代によって変遷している。その概要は、次頁の表のとおりである。

　ただし、一部の資料については収録しているデータ要素の一部がない簡略レコードとしているものがある。

　なお、本マニュアルでは、目録用語は、一部の例外を除き、『日本目録規則　1987年版改訂版』に従い、また、その条項を解説に付している。

『ＪＡＰＡＮ／ＭＡＲＣ』の時代別構成と準拠規則一覧

『ＪＡＰＡＮ／ＭＡＲＣ（Ｍ）　単行資料の部』

構成	範囲	目録規則	分類表	件名標目表
カレント版	1998年～ （JP98～JP99、 JP2＊＊＊＊＊＊＊）	ＮＣＲ1987年版改訂版 （2001年8月以降はＮＣＲ1987年版　改訂2版）	ＮＤＣ新訂9版 注1) ＮＤＬＣ	ＮＤＬＳＨ
	1997年 （JP97）	ＮＣＲ新版予備版		
	1980年～ 1996年 （JP80011677～ JP96）		ＮＤＣ新訂8版 ＮＤＬＣ	
	1977年～ 1980年 （JP77～ JP80011676）		ＮＤＣ新訂6版 ＮＤＬＣ	
遡及版	1969年～ 1976年 （JP69～JP76）	ＮＣＲ1965年版 注2) （1971～1977）		
	1948年～ 1968年 （JP48～JP68）	ＮＣＲ1952年版 （1953.4～1970） ＮＣＲ1942年版 （1948～1953.3）	ＮＤＣ新訂6版 （1948年～1950年8月までは、NDC第5版の千区分表を使用）	
遡及版 （明治期・大正期・昭和元年～24年3月）	1868年～ 1949年 （JP40～47）	ＮＣＲ1952年版ほか 注2) 追加分はＮＣＲ新版予備版	ＮＤＣ新訂6版 （簡略版）	明治期（JP40～41）に人名件名のみ付与

『JAPAN/MARC（S）　逐次刊行資料の部』

構成	範囲	目録規則	分類表	件名標目表
カレント版	2002年4月～　注3）	NCR1987年版改訂版	NDLC	件名標目は付与しない
	1986年～2002年3月	国立国会図書館逐次刊行物目録規則1982年版	NDLC、NDC新訂6版、雑函（旧帝国図書館旧蔵分）のいずれか	
	～1985年	「逐次刊行物目録記入要領」、「逐次刊行物扱いのマイクロ写真資料目録記入要領」その他		

　表中では、『日本目録規則』はNCR、『日本十進分類法』はNDC、『国立国会図書館分類表』はNDLC、『国立国会図書館件名標目表』はNDLSHと省略している。
　JP番号の体系については、タグ020（全国書誌番号）の表「全国書誌番号の構成」を参照のこと。

注1）JP：2＊＊＊＊＊＊＊以降においては、一部の遡及入力レコードもここに含まれるため、資料の発行年により、NDC新訂6版が使用されている場合がある。
注2）遡及版の目録規則については、すべてNCR新版予備版に準拠した形に直して入力している。
注3）『JAPAN/MARC（S）』のJP番号は年代と関連していない。詳細は、タグ001（レコード識別番号）、020（全国書誌番号）を参照のこと。

3. フォーマットとデータ内容

　JAPAN／MARCフォーマットは、書誌情報交換用の国際標準フォーマット（ISO 2709）およびUNIMARCに準拠している。ただし、日本語の特徴、漢字データとその読みを示す「カナ」、「ローマ字」データとのリンクを処理するため、特殊な配慮を加えている。

　フォーマットのデータフィールド群は、UNIMARCに準拠して、識別、コード化情報、記述、記入リンク、アクセス・ポイント、国際的使用、国内的使用の7ブロックに大別し、その中をフィールド、サブフィールドに細分してある。各フィールドはタグ（フィールド識別子）によって、サブフィールドはサブフィールド識別子で識別することができる。

　識別ブロックにはレコードを同定するための各種コード番号が、コード化情報ブロックには、記述ブロック以降の可変長データを使用しないで、情報検索やレコードの判定ができるようなコード化した固定長データが収録してあり、この2ブロックは1バイト（英数字）モードである。

　記述と標目指示は、記述ブロックとアクセス・ポイント・ブロックにそれぞれ収録してあり、この2ブロックは2バイト（漢字）モードとなっている。（アクセス・ポイントとは、書誌レコードのファイルを検索するときに用いる名称、用語、コード番号のことで、目録記入の冒頭に記載する標目もアクセス・ポイントの一部である。）また、記入リンクブロックは他レコードとの関係を示すデータを収録しており、2バイト（漢字）モードである。記述ブロックのデータは「日本目録規則　1987年版改訂版」の第Ⅰ部「記述」、アクセス・ポイント・ブロックのデータは第Ⅱ部「標目」にそれぞれ対応することになる。

　さらに国際的使用ブロックにはレコード作成機関を示すコードや電子資料についてのデータを収録し、国内的使用ブロックには請求記号や印刷カード番号、大学コードや官庁コードを収録している。なお、国際的使用ブロックのレコード作成機関と国内的使用ブロックの印刷カード番号を除いた各データは2バイト（漢字）モードである。なお、印刷カード番号は、今後使用しない。

　文字のモードの使用については、以下の表のとおりである。

文字モード	使用箇所
1バイト（英数字）文字モード	識別ブロック（フィールド識別子 001－020） コード化情報ブロック（フィールド識別子 100－110） 国際的使用ブロック（フィールド識別子 801） 国内的使用ブロック（フィールド識別子 906）
2バイト（漢字）文字モード	上記以外

4. 記述とアクセス・ポイントの対応づけ

　ＵＮＩＭＡＲＣと異なる部分として、特に日本語書誌データを処理するために行ったいくつかの措置を以下に示す。

　記述ブロックとアクセス・ポイント・ブロックのフィールドどうしのデータをリンクさせるため、タグ番号（フィールド識別子）の末尾１桁に、例示のような意味づけをしている（今後、本マニュアルでは、２５１の形でタグ番号を示す。）

記述ブロックの タイトル・責任表示	アクセス・ポイント タイトル標目	著者標目
２８１	５８１	７８１
２８２	５８２	７８２
２８３	５８３	７８３

　ただし、２５１〜２５９の責任表示は、対応するアクセス・ポイントである著者標目のフィールドが７５１しか存在しないため、フィールドどうしのデータをリンクさせるための意味付けは完全ではない。

記述ブロックの タイトル・責任表示	アクセス・ポイント タイトル標目	著者標目
２５１	５５１	７５１
２５２	５５２	
２５３	５５３	

　タイトルは２つ以上あることがあり、かつ書誌レベルごとにその標目を対応させるため、以下のように書誌レベル別のタグ番号の意味づけを行っている。

　日本語タイトルはＵＮＩＭＡＲＣの欧文タイトルとはデータの性質が異なるので、『ＪＡＰＡＮ／ＭＡＲＣ』では特別なリンクづけのフィールドを設けている。これらの特別フィールドには現在ＵＮＩＭＡＲＣで使用していないタグ番号を割り当ててあるが、英数字データで全くＵＮＩＭＡＲＣと同質のデータ（例えば１００）には同一タグ番号を割り当ててある。また、『ＪＡＰＡＮ／ＭＡＲＣ』では同一タグ番号のフィールドは全て繰り返さない。

　インディケータ（指示子）は日本語書誌情報の処理上、特に必要がなかったので使用していない。『ＪＡＰＡＮ／ＭＡＲＣ』のレコードはレコード識別番号順に排列している。フィールド中のサブフィールドの排列は、アルファベットは＄Ｘ以外アルファベット順になっており、数字は各フィールドによって定義されている。

フィールドのリンクづけ一覧

書誌レベル＼フィールド	記述ブロック タイトル・責任表示	アクセス・ポイント タイトル標目	著者標目
単行レベル (一部集合レベル)	２５１ ２５２ ： ２５９	５５１ ５５２ ： ５５９	７５１
集合レベル	２８１ ２８２ ２８３	５８１ ５８２ ５８３	７８１ ７８２ ７８３
単行レベル (251～9を集合レベルとした時使用)	２９１ ２９２ ： ２９９	５９１ ５９２ ： ５９９	７９１ ７９２ ： ７９９

サブフィールド単位のデータ対照表

記述	アクセス・ポイント　注
２５１＄Ａ	５５１＄Ａ＄Ｘ＄Ｂ
２５１＄Ｂ	５５１＄Ａ＄Ｘ＄Ｂ
２５１＄Ｄ	５５１＄Ｄ
２５１＄Ｆ	７５１＄Ａ＄Ｘ＄Ｂ
２８１＄Ａ	５８１＄Ａ＄Ｘ＄Ｂ
２８１＄Ｂ	５８１＄Ａ＄Ｘ＄Ｂ
２８１＄Ｄ	５８１＄Ｄ
２８１＄Ｆ	７８１＄Ａ＄Ｘ＄Ｂ
２８１＄Ｓ	５８１＄Ａ＄Ｘ＄Ｂ
２８１＄Ｔ	５８１＄Ｄ
２９１＄Ａ	５９１＄Ａ＄Ｘ＄Ｂ
２９１＄Ｂ	５９１＄Ａ＄Ｘ＄Ｂ
２９１＄Ｄ	５９１＄Ｄ
２９１＄Ｆ	７９１＄Ａ＄Ｘ＄Ｂ

注　アクセス・ポイントは必ず存在するわけではない。

5. アクセス・ポイントの読みと分かち書き

　アクセス・ポイントのカタカナ形とローマ字形は、漢字形の読みを分かち書きして記録してある。

　また、読みについて、和語、漢語、外来語の読み、拗音、促音、長音の措置ならびにアルファベット（ローマン・アルファベット、キリル文字、ギリシャ文字）、数字（漢数字、アラビア数字、ローマ数字）の扱いについては、「アクセス・ポイントのカナ形サブフィールドにおけるカナ表記要領」（付録B－1）に準じて行う。漢字形全体が欧文のときは、例外を除いてそのままカタカナ形、ローマ字形サブフィールドに収めている。

　ローマ字形については、「アクセス・ポイントのローマ字形サブフィールドにおけるローマ字表記要領」（付録C－1）を採用している。

6. レコード中の文字表現

　2バイト・モードの漢字データには、漢字、カナ、英数字、記号などが含まれている。アクセス・ポイントの漢字形という場合にも、カナ、英数字、記号などが含まれていて、以下に示すように、両者が一致していない場合もある。

記述の形	アクセス・ポイントの形
村山リウ	ムラヤマ, リュウ
てふてふ	チョウチョウ

7. 特殊記号の用法

次の記号については特別の意味を持たせている。

記 号	使用しているフィールドとサブフィールド	説　　明
// (ダブルスラッシュ)	責任表示：２５１～９、２８１～３、 　　　　　２９１～９の＄F 版に関する事項：２６５＄A 一般注記：３５０＄A 内容に関する注記：３７７＄A	著者名と著作の種類を示す語の区切り
	原タイトル注記：３５４＄A 　　　　（JP97 以前に使用）	「の翻訳」という文字列の前の区切り
	一般件名：６５８＄A、＄X、＄B	件名細目の前につけた区切り
	個人名件名：６５０＄B 著者標目：７５１、７８１～３、 　　　　　７９１～９の＄B	漢字形人名の姓名の区切り
/ (スラッシュ)	版に関する事項：２６５＄A 内容に関する注記：３７７＄A	責任表示の前につけた区切り

（注）

本マニュアルの例の中では、便宜上以下のような表現方法をとっている。

タグ（フィールド識別子）	２５１
サブフィールド識別子 　（サブフィールド開始文字＋サブフィールド識別文字）	＄A
フィールド区分文字	＃
空白	△
レコード区分文字	＠

8. 書誌データの文字表現形式

『ＪＡＰＡＮ／ＭＡＲＣ』で使用する字種およびその表現形式は次の４種類である。

① 漢字（２バイト）モード
　ＪＩＳ Ｘ ０２０８－１９９０：情報交換用漢字符号系
　および追加文字　＜付録Ｆ－２　参照＞

② 英数字（１バイト）モード
　ＥＢＣＤＩＣコード　＜付録Ｆ－１　参照＞

③ 漢字（２バイト）モードの制御文字符号
　ＪＩＳ Ｘ ０２０７：情報交換用漢字符号系のための制御文字符号　＜表１参照＞

④ 英数字（１バイト）モードの制御文字符号
　ＥＢＣＤＩＣコード　＜表２参照＞

特に漢字モードで表記したデータ部分の文字符号系については、原則としてＪＩＳ漢字コード体系の範囲内の文字を使用するが、これにない文字については追加文字を設定し、付録Ｆ－２で示す領域にコードを割り当てる。この追加文字の一覧は、本マニュアル作成時点で割り当て済みの文字について付録Ｇに記載してある。それ以降発生した追加文字については、『ＪＡＰＡＮ／ＭＡＲＣ』ユーザに対して通知する。

文字表現のうえで注意を要する点を示す。

（１）　ローマ字の長音
　ローマ字の長音、Â、Î、Û、Ê、Ô、â、î、û、ê、ô　は各々の文字を１文字で表現するため、追加文字として割当てていたが、改訂後は追加文字を使用しない。長音「ー」はローマ字では表現せず、「オウ」は「ｏｕ」等とする。詳細は「アクセス・ポイントのローマ字形サブフィールドにおけるローマ字表記要領」（付録Ｃ－１）を参照のこと。

（２）　音標符号のついた英欧文字
　ウムラウトやアクサンなどの音標符号の付いた英欧文字も１文字で表現するために、追加文字として割当てられている。（付録Ｇを参照のこと。）ただし、これらの文字の使用は記述ブロックおよびアクセス・ポイント・ブロックの漢字形サブフィールドに限定し、アクセス・ポイント・ブロックのカナ形、ローマ字形サブフィールドでは使用しない。

（3） 漢字（2バイト）モードの制御文字符号

　ＪＩＳ Ｘ ０２０７は、現在では廃止規格であるが、ＪＩＳ Ｘ ０２０７で定義されていたもののうち、使用している制御文字符号があるので表１に示す。

（表１）

コード	機　　能
(１Ｃ４Ｅ)$_{16}$	上つき開始
(１Ｃ４Ｆ)$_{16}$	上つき終了
(１Ｃ５０)$_{16}$	下つき開始
(１Ｃ５１)$_{16}$	下つき終了
(１Ｃ５２)$_{16}$	合成開始　＊１
(１Ｃ５３)$_{16}$	合成終了　＊１

＊１　表記方法がＪＩＳとは異なる（下記の例２を参照）

（表記例）

例１：　　X^2

　　　　　2358　1C4E　2323　1C4F
　　　　　 X 　 上始 　 2 　 上終

例２：　　$Z_Y{}^{X+2}$

　　　　　235A　1C4E　2358　1C4F　1C52　1C50　2359　1C51
　　　　　 Z 　 上始 　 X 　 上終 　合始 　下始 　 Y 　 下終

　　　　　1C53　1C4E　215C　2332　1C4F
　　　　　合終 　上始 　 + 　 2 　 上終

（4） 英数字（1バイト）モードの制御文字符号

　ＪＩＳ Ｘ ０２０１で定義されているもののうち、使用されている制御文字符号を表２に示す。

（表２）

コード	機　　能
(１Ｆ)$_{16}$	サブフィールド識別子の最初の文字を示す
(１Ｅ)$_{16}$	フィールド区分文字を示す
(１Ｄ)$_{16}$	レコード区分文字を示す

9. 関連規格一覧

（1） 国際規格

ISO 639-2
　　Codes for the representation of names of languages -- Part 2: Alpha-3 code
ISO/IEC 646
　　Information technology -- ISO 7-bit coded character set for information interchange
ISO/IEC 2022
　　Information technology -- Character code structure and extension techniques
ISO 2108
　　Information and documentation -- International standard book numbering (ISBN)
ISO 2709
　　Information and documentation -- Format for Information Exchange
ISO 3166-1
　　Codes for the representation of names of countries and their subdivisions -- Part 1: Country codes
ISO 3297
　　Information and documentation -- International standard serial number (ISSN)
ISO 3602
　　Documentation -- Romanization of Japanese (kana script)
ISO/IEC 4873
　　Information technology -- ISO 8-bit code for information interchange -- Structure and rules for implementation
ISO/IEC 6429
　　Information technology -- Control functions for coded character sets
ISO 8601
　　Data elements and interchange formats -- Information interchange -- Representation of dates and times

(2)　国内規格

　　ＪＩＳ Ｘ ０２０１　　７ビット及び８ビットの情報交換用符号化文字集合
　　　　　　　　　　　　（ＩＳＯ　６４６）
　　ＪＩＳ Ｘ ０２０２　　情報技術　－　文字符号の構造及び拡張法
　　　　　　　　　　　　（ＩＳＯ／ＩＥＣ　２０２２）
　　ＪＩＳ Ｘ ０２０７　　情報交換用漢字符号系のための制御文字符号　（注　廃止規格）
　　ＪＩＳ Ｘ ０２１１　　符号化文字集合用制御機能
　　　　　　　　　　　　（ＩＳＯ／ＩＥＣ　６４２９）
　　ＪＩＳ Ｘ ０２０８　　７ビット及び８ビットの２バイト情報交換用符号化漢字集合
　　ＪＩＳ Ｘ ０３０１　　日付及び時刻の表記
　　　　　　　　　　　　（ＩＳＯ　８６０１）
　　ＪＩＳ Ｘ ０３０４　　国名コード
　　　　　　　　　　　　（ＩＳＯ　３１６６－１）
　　ＪＩＳ Ｘ ０３０５　　国際標準図書番号（ＩＳＢＮ）
　　　　　　　　　　　　（ＩＳＯ　２１０８）
　　ＪＩＳ Ｘ ０３０６　　国際標準逐次刊行物番号（ＩＳＳＮ）
　　　　　　　　　　　　（ＩＳＯ　３２９７）
　　ＪＩＳ Ｘ ０４０１　　都道府県コード
　　ＪＩＳ Ｘ ０４０８　　大学・高等専門学校コード

１０． 用語の説明

本マニュアルの中で使われている主な用語について説明する。

① 空白
　　一連の図形符号内で空欄として示される図形キャラクタ。
② サブフィールド
　　書誌フィールドを構成する要素の一つで、特定の書誌的情報のデータを入れる部分をいう。
③ サブフィールド識別子
　　サブフィールドの最初に置くサブフィールドを同定、識別するための６バイトのデータ。サブフィールド開始文字、サブフィールド識別文字、データ部の長さ、データ部のモードからなる。本文の例では、データ部の長さ、データ部のモードを省略し、サブフィールド開始文字を＄で表示してある。
④ 書誌レコード
　　特定の書誌単位を記述するための書誌情報データを収めたフィールドの集合。レコードラベル部、ディレクトリ部、フィールド区分文字、データフィールド群およびレコード区分文字からなる。
⑤ 先頭番地
　　各データフィールドの第１文字目の位置を示すもの。データの起点位置から何バイト隔たっているかで表現する。
⑥ 相対番地
　　レコードの先頭といった固定的な基準点によらず、別に指定した基準点からの隔たりを番地として使用する表現方法。隔たりを表す単位としては、バイト数を使用する。データの起点位置の相対番地は０（ゼロ）になる。
⑦ タグまたはフィールド識別子
　　各データフィールドに対応してそのフィールドの内容を同定するための文字列。
⑧ ディレクトリ
　　レコードの中の各データフィールドのタグ（フィールド識別子）、長さ、所在位置（先頭番地）を示す記載項目（エントリ）のテーブル。
⑨ ディレクトリマップ
　　ディレクトリ中の「データフィールドの長さ」と「先頭番地」の項目に、それぞれ何バイトを割り当てたかを記録する場所。

⑩　データのベースアドレス

　　　レコードの中の各データフィールドの先頭番地を示すための原点。レコードの冒頭ではなく、データフィールド群の先頭位置。

⑪　データフィールド

　　　書誌レコードを構成する可変長フィールドで、特定の種類のデータを収録する。識別ブロック、コード化情報ブロック、記述ブロック、記入リンクブロック、アクセス・ポイント・ブロックと国際的使用ブロックおよび国内的使用ブロックのいずれかに属する。

⑫　データフィールドの長さ

　　　対応するデータフィールドの物理的な範囲であり、具体的にはそのバイト長をいう。フィールド区分文字を含む。

⑬　バイト

　　　文字を表現する単位。1バイト系の文字、すなわち英数字だけの世界では1バイトで1文字を表現することができるが、2バイト系の文字、すなわち漢字を含む世界では、1文字を表現するのに2バイトを必要とする。

⑭　フィールド区分文字

　　　各可変長フィールドを区切るため、その末尾に用いる制御文字。

⑮　レコード区分文字

　　　レコードを論理的に区切るため、その末尾に用いる制御文字。

⑯　レコード長

　　　書誌レコードの先頭からレコード区分文字までの1件の書誌レコードの長さ。

⑰　レコードラベル

　　　書誌レコードの冒頭のフィールドで、そのレコードの操作処理上の要件を示すもの。

11. 書誌レコードの内容

前レコード	レコードラベル部 24バイト	ディレクトリ部 可変長	フィールド区分文字 1バイト	データフィールド群 可変長	レコード区分文字 1バイト	次レコード

←―――――――――― 1レコード（可変長）――――――――――→

(1) レコードラベル部（24バイト）

書誌レコード長	レコード・ステータス	レコード種別	書誌レベル	スペース	インディケータの長さ	サブフィールド識別子の長さ	データのベースアドレス	スペース	記述目録形式	スペース	データフィールド長領域の長さ	先頭文字位置領域の長さ	スペース
		書誌的状況コード						付加的レコード定義			ディレクトリマップ		
5バイト	1バイト	1バイト	1バイト	2バイト	1バイト	1バイト	5バイト	1バイト	1バイト	1バイト	1バイト	1バイト	2バイト

① 書誌レコード長

　　レコードラベル部の先頭よりレコード区分文字を含めた1書誌レコードの長さ（バイト数）を5桁の10進数（右詰、頭ゼロ）で表示。

② レコード・ステータス

　　出力するレコードの状態を示す1桁のコード。
　　　N：新規　　C：訂正　　D：削除

　　逐次刊行資料においては、毎回全件提供するため、頒布する書誌レコードの状態は全て「N：新規」になっている。

③　書誌的状況コード
- レコードの種別
    - A：言語資料で印刷物　　　　　B：言語資料で非刊行物
    - C：楽譜　　　　　　　　　　　E：地図資料
    - G：映像資料
    - H：マイクロ形態資料（もとからマイクロ形態で刊行されたもの）
    - I：録音資料（音楽資料を除く）　K：静止画資料
    - L：電子資料　　　　　　　　　M：マルチメディア
    - T：視覚障害者用資料
- 書誌レベル
    - M：単行資料（全集ものを含み、書誌的に独自性を持ったもの）
    - S：逐次刊行資料

④　インディケータの長さ
　　「0」

⑤　サブフィールド識別子の長さ
　　「6」

⑥　データのベースアドレス
　　データフィールド群の先頭位置を示す。書誌レコードの先頭からのバイト数を10進数5桁（右詰、頭ゼロ）で表示。

⑦　付加的レコード定義
- 記述目録形式
    - 常に「I」。レコードはISBDの規定にある程度準拠していることを示す。

⑧　ディレクトリ・マップ
- データフィールド長領域の長さ
    - ディレクトリ内のデータフィールド長を示す領域の長さを示す。10進数1桁で「4」。
- 先頭文字位置領域の長さ
    - ディレクトリ内のデータフィールドの先頭文字の位置を示す領域の長さを示す。10進数1桁で「5」。

(2) ディレクトリ部

ディレクトリ部					フィールド区分文字
ディレクトリ	ディレクトリ	:	ディレクトリ	ディレクトリ	1バイト

フィールド識別子	フィールド長	フィールドの先頭位置
3バイト	4バイト	5バイト

① フィールド識別子

フィールドを識別するための3桁の数字（タグ）。

② フィールド長

データフィールドの長さ（バイト数）を示す4桁の10進数（右詰、頭ゼロ）。
フィールド長にはサブフィールド識別子およびフィールド区分文字も含む。

③ フィールドの先頭位置

当該フィールドの先頭文字の位置をデータフィールド群の先頭（データのベースアドレス）から相対バイト数で示す。5桁の10進数（右詰、頭ゼロ）。

④ フィールド区分文字

ISO標準のIS$_2$＝（1E）$_{16}$である。

（3） データフィールド群

データフィールド群				
データフィールド	データフィールド	：	データフィールド	データフィールド

データ	フィールド区分文字	サブフィールド識別子	データ	：	サブフィールド識別子	データ	フィールド区分文字
固定長	1バイト	6バイト	可変長	：	6バイト	可変長	1バイト

注 フィールド001のみ

サブフィールド識別子			
サブフィールド開始文字	サブフィールド識別文字	データ部の長さ	データ部のモード
1バイト	1バイト	3バイト	1バイト

① サブフィールド開始文字

　　サブフィールド識別子の最初の文字。ＩＳＯ標準のＩＳ$_1$＝（１Ｆ）$_{16}$である。

② サブフィールド識別文字

　　サブフィールドを識別するための英大文字または数字１字。

③ データ部の長さ

　　データ部の長さ（バイト数）を示す３桁の１０進数（右詰、頭ゼロ）。

④ データ部のモード

　　データ部のモードを示す１桁の数字。

　　「１」：１バイトモード　　「２」：２バイトモード

⑤データ

　　データフィールドの値を表示。

⑥フィールド区分文字

　　ＩＳＯ標準のＩＳ$_2$＝（１Ｅ）$_{16}$である。

１２． データ要素一覧

ブロック	フィールド識別子	フィールド名	サブフィールド識別文字	サブフィールド名	必須	繰り返し	繰り返し(対)	1バイト	2バイト	備考
識別ブロック	001	レコード識別番号			○					
			－	レコード・コントロール番号	○	×		○		8Byte
	010	国際標準図書番号（ISBN）								
			A	ＩＳＢＮ		○		○		13Byte
	011	国際標準逐次刊行物番号（ISSN）								
			A	ＩＳＳＮ		○		○		9Byte
	020	全国書誌番号			○					
			A	国名コード	○	×		○		2Byte
			B	全国書誌番号	○	×		○		8Byte
コード化情報ブロック	100	一般的処理データ（固定長35Byte）			○					
			A	ファイルに入れた日付	○	×		○		西暦年月日 8Byte
				刊行種別コード	○	×		○		A：継続刊行中 B：刊行終了 C：刊行状態不明 (S)でのみ使用 (M)では空白 1Byte
				刊行年（１）	○	×		○		西暦年 4Byte
				刊行年（２）	○	×		○		西暦年 4Byte
				対象利用者コード	○	×		○		C：児童書 D：学習試験図書 E：大衆娯楽誌 F：児童誌・学習受験誌 G：暫定措置資料 それ以外は空白 3Byte
				官庁刊行物コード	○	×		○		H：官庁刊行物 それ以外は空白 1Byte
				改変レコードコード	○	×		○		0：JIS外字なし 1：JIS外字あり 1Byte

ブロック	フィールド識別子	フィールド名	サブフィールド識別文字	サブフィールド名	必須	繰り返し	繰り返し(対)	1バイト	2バイト	備考
				目録用言語コード	○	×		○		ISOの言語コード 3Byte
				予備	○	×		○		空白　1Byte
				文字セット	○	×		○		13：EBCDIC 12：JISX0208 4Byte
				予備	○	×		○		空白　5Byte
	101	著作の言語								
			A	テキストの言語		○		○		ISOの言語コード 3Byte
			C	原文の言語		○		○		ISOの言語コード 3Byte
	102	出版国または製作した国								
			A	出版国コード	○	○		○		2Byte
			B	出版地コード		○		○		(S)の一部のデータでのみ使用 都道府県コード 2Byte
	110	コード化データフィールド（逐次刊行資料）								(S)でのみ使用
			A	逐次刊行資料種別コード	○	×		○		A：雑誌 C：新聞 1Byte
				刊行頻度	○	×		○		1Byte
				予備	○	×		○		空白　9Byte
記述ブロック	25n (n=1～9)	タイトルと責任表示に関する事項			○					※フィールドの必須は251のみ
			A	本タイトル	○	×			○	
			B	タイトル関連情報		×			○	
			D	巻次、回次、年次等		×			○	(M)でのみ使用
			F	責任表示		○			○	
			W	資料種別		×			○	
	261	並列タイトルに関する事項								
			A	並列タイトル	○	○			○	
			B	並列タイトル関連情報		×			○	(S)でのみ使用
			F	並列責任表示		○			○	(S)でのみ使用
	265	版に関する事項								
			A	版表示等	○	×			○	
	266	地図資料の数値データに関する事項								(M)でのみ使用
			A	数値データ	○	○			○	

ブロック	フィールド識別子	フィールド名	サブフィールド識別文字	サブフィールド名	必須	繰り返し	繰り返し(対)	1バイト	2バイト	備考
	267	逐次刊行資料の巻次，年月次に関する事項								(S)でのみ使用
			A	巻次・年月次	○	×			○	
	268	楽譜の種類に関する事項								(M)でのみ使用
			A	楽譜の種類	◎	×	○		○	
			D	楽譜の種類の並列表示		×	○		○	
	269	電子資料の特性に関する事項								
			A	電子的内容	○	×			○	
	270	出版・頒布等に関する事項								(M)では、最初の対においてA、B、D各サブフィールド共に必須。
			A	出版地、頒布地等		×	○		○	
			B	出版者、頒布者等	◎	×	○		○	
			D	出版・頒布年月等		×	○		○	
	275	形態に関する事項								
			A	特定資料種別と資料の数量	M	×			○	
			B	大きさ		×			○	
			E	付属資料		×			○	
	28n (n=1～3)	シリーズに関する事項								
			A	本シリーズ名	○	×			○	
			B	シリーズ名関連情報		×			○	(M)でのみ使用
			D	シリーズ番号		×			○	(M)でのみ使用
			F	シリーズに関する責任表示		○			○	(M)でのみ使用
			S	下位シリーズ名		×			○	(M)でのみ使用
			T	下位シリーズ番号		×			○	(M)でのみ使用
			X	シリーズのISSN		×			○	
	29n (n=1～9)	多巻ものの各巻のタイトルと責任表示に関する事項								(M)でのみ使用
			A	タイトル	○	×			○	
			B	タイトル関連情報		×			○	
			D	巻次、回次、年次等		×			○	
			F	責任表示		○			○	
	350	一般注記								
			A	一般注記	○	○			○	
	354	原タイトル注記								(M)でのみ使用
			A	翻訳資料の原タイトル	○	○			○	

ブロック	フィールド識別子	フィールド名	サブフィールド識別文字	サブフィールド名	必須	繰り返し	繰り返し(対)	1バイト	2バイト	備考
	360	装丁と定価に関する注記								
			A	装丁		×			○	(M)でのみ使用
			B	税込価格		×			○	(M)でのみ使用
			C	本体価格		×			○	
	377	内容に関する注記								(M)でのみ使用
			A	内容に関する注記	○	○			○	
	386	電子的内容に関する注記(電子資料)								
			A	電子的内容注記	○	○			○	
	387	システム要件に関する注記(電子資料)								
			A	システム要件注記	○	○			○	
記入リンクブロック	430	先行記入(逐次刊行資料)								(S)でのみ使用
			1	改題前のタイトル	○	○			○	
	440	後継記入(逐次刊行資料)								(S)でのみ使用
			1	改題後のタイトル	○	○			○	
アクセス・ポイント・ブロック	55n (n=1〜9)	タイトル標目 (タイトル関連情報の読み等を含む)								
			A	カタカナ形	◎	×	○		○	
			X	ローマ字形	◎	×	○		○	訓令式
			B	漢字形	◎	×	○		○	
			D	巻次等の読み		×	○		○	(M)でのみ使用
	58n (n=1〜3)	シリーズのタイトル標目 (下位シリーズ及びタイトル関連情報の読み等を含む)								
			A	カタカナ形	◎	×	○		○	
			X	ローマ字形	◎	×	○		○	訓令式
			B	漢字形	◎	×	○		○	
			D	巻次等の読み		×	○		○	(M)でのみ使用
	590	参照タイトル標目(逐次刊行資料)								(S)でのみ使用
			A	カタカナ形	◎	×	○		○	
			X	ローマ字形	◎	×	○		○	訓令式
			B	漢字形	◎	×	○		○	
	59n (n=1〜9)	多巻ものの各巻のタイトル標目 (タイトル関連情報の読み等を含む)								(M)でのみ使用
			A	カタカナ形	◎	×	○		○	
			X	ローマ字形	◎	×	○		○	訓令式
			B	漢字形	◎	×	○		○	
			D	巻次等の読み		×	○		○	

ブロック	フィールド識別子	フィールド名	サブフィールド識別文字	サブフィールド名	必須	繰り返し	繰り返し(対)	1バイト	2バイト	備考
	650	個人件名標目								(M)でのみ使用
			A	カタカナ形	◎	×	○		○	
			X	ローマ字形	◎	×	○	○		訓令式
			B	漢字形		×	○		○	
	658	一般件名標目								(M)でのみ使用
			A	カタカナ形	◎	×	○		○	
			X	ローマ字形	◎	×	○	○		訓令式
			B	漢字形		×	○		○	
	677	日本十進分類法（NDC）による分類記号								(M)でのみ使用
			A	分類記号	◎	×	○	○		
			V	NDC版次		×	○	○		
	685	国立国会図書館分類表（NDLC）による分類記号								
			A	分類記号またはカナ付分類記号	◎	○	○	○		
			X	ローマ字付分類記号	−	−	−	−	−	今後、当サブフィールドは使用しない。
	751	著者標目								
			A	カタカナ形	◎	×	○		○	
			X	ローマ字形	◎	×	○	○		訓令式
			B	漢字形		×	○		○	
			3	典拠番号	M	×	○		○	(M)では当サブフィールドは対の中で必須である。
	78n (n=1〜3)	シリーズの著者標目								
			A	カタカナ形	◎	×	○		○	
			X	ローマ字形	◎	×	○	○		訓令式
			B	漢字形		×	○		○	
			3	典拠番号	M	×	○		○	(M)では当サブフィールドは対の中で必須である。
	79n (n=1〜9)	多巻ものの各巻著者標目								(M)でのみ使用
			A	カタカナ形	◎	×	○		○	
			X	ローマ字形	◎	×	○	○		訓令式
			B	漢字形		×	○		○	
			3	典拠番号	M	×	○		○	当サブフィールドは対の中で必須である。

ブロック	フィールド識別子	フィールド名	サブフィールド識別文字	サブフィールド名	必須	繰り返し	繰り返し(対)	1バイト	2バイト	備考
国際的使用ブロック	801	レコード作成機関			○					
			A	国名コード	○	×		○		
			B	レコード作成機関名	○	×		○		
			C	レコード提供年月日	○	×		○		ISO 8601-1989
			G	目録規則	○	×		○		
			2	システムコード	○	×		○		
	856	電子資料アクセス情報								
			1	アクセス方法	◎	×	○		○	
			Q	電子的形式種別		×	○		○	
			U	URL	◎	×	○		○	
国内的使用ブロック	905	国立国会図書館の請求記号								
			A	請求記号	○	×		○		
			D	所蔵巻次・年月次		×	○	○		(S)でのみ使用
			E	所蔵注記(1)		×	○	○		(S)でのみ使用
			F	休廃刊		○				(S)でのみ使用
			H	所蔵注記(2)		×			○	(S)でのみ以前使用していたが、今後は使用せず
	906	国立国会図書館の印刷カード番号								(M)で遡及分についてのみ使用。以前提供していたが、今後の提供はない
			A	印刷カード番号	○	×		○		
	910	大学コード								当面は(S)でのみ使用
			A	大学名のカタカナ形	◎	×	○		○	
			X	大学名のローマ字形	◎	×	○		○	訓令式
			B	大学名の漢字形	◎	×	○		○	
			3	大学コード	◎	×	○		○	JIS X 0408
	915	官庁コード								
			A	旧官庁コード		○		○		
			C	新官庁コード		○		○		
			D	都道府県コード		○		○		

【必須】	○	:必須
		（フィールド及びサブフィールドが必須の場合、フィールド、サブフィールド共に必須。また、サブフィールドのみ必須の場合、フィールドが存在した時に限りサブフィールドが必須）
	◎	:対の中で必須
	空白	:任意
	M	:単行資料でのみ必須
【繰り返し】	○	:当サブフィールド識別子単独での繰り返し可、 ×:繰り返し不可
【繰り返し(対)】	○	:対になって繰り返し可、 空白:対になって繰り返し不可
		（1フィールド識別子内に含まれる"対になって繰り返し可"のサブフィールド識別子をセットにして繰り返す）
【1バイト】	○	:1バイト文字で構成、 空白:1バイト文字入力不可
【2バイト】	○	:2バイト文字で構成、 空白:2バイト文字入力不可
【値】	△	:半角スペース
	□	:全角スペース
	(M)	:単行資料
	(S)	:逐次刊行資料

13. データ例示

<その1>官公庁納入図書
20095590

フィールド名	FLD_ID	SUBFLD_ID		データ			
レコードラベル				01535NAM	0600265 I 45		
ディレクトリ				001000900000	011001600009	020002300025	100004200048	101001000090
				102000900100	251007100109	270008500180	275002900265	281003900294
				377003700333	551030300370	581012300673	658015900796	677002700955
				685001700982	751015300999	801007901152	905002501231	915001301256 #
レコード識別番号	001			20095590#			
国際標準逐次刊行物番号	011	$A	009	1	0386-5878#		
全国書誌番号	020	$A	002	1	JP		
		$B	008	1	20095590#		
一般的処理データ	100	$A	035	1	20001113 2000　　　HOJPN 1312　　　#		
著作の言語	101	$A	003	1	JPN#		
出版または製作した国	102	$A	002	1	JP#		
タイトルと責任表示に関する事項	251	$A	052	2	鉄筋コンクリート橋脚の塑性変形性能に関する実験的研究		
		$D	006	2	その2#		
出版・頒布等に関する事項	270	$A	008	2	〔東京〕		
		$B	046	2	建設省土木研究所耐震技術研究センター耐震研究室		
		$D	012	2	２０００．８#		
形態に関する事項	275	$A	008	2	１０７ｐ		
		$B	008	2	３０ｃｍ#		
シリーズに関する事項	281	$A	014	2	土木研究所資料		
		$D	012	2	第３７４０号#		
内容に関する注記	377	$A	030	2	内容：RC橋脚の高性能化の検討#		
タイトル標目	551	$A	108	2	テッキン　コンクリート　キョウキャク　ノ　ソセイ　ヘンケイ　セイノウ　ニ　カンスル　ジッケンテキ　ケンキュウ		
		$X	158	2	Tekkin konkurito kyoukyaku no sosei henkei seinou ni kansuru zikkenteki kenkyuu		
		$B	010	2	251A1		
		$D	002	2	2#		
シリーズのタイトル標目	581	$A	032	2	ドボク　ケンキュウジョ　シリョウ		
		$X	048	2	Doboku kenkyuuzyo siryou		
		$B	010	2	281A1		
		$D	008	2	3740#		
一般件名標目	658	$A	018	2	コンクリートキョウ		
		$X	026	2	Konkuritokyou		
		$B	014	2	コンクリート橋		
		$A	022	2	キョウダイキョウキャク		
		$X	032	2	Kyoudaikyoukyaku		
		$B	010	2	橋台・橋脚#		
ＮＤＣ	677	$A	012	2	515.44		
		$V	002	2	9#		
ＮＤＬＣ	685	$A	010	2	NA156#		
著者標目	751	$A	038	2	ケンセツショウ　ドボク　ケンキュウジョ		
		$X	058	2	Kensetusyou doboku kenkyuuzyo		
		$B	016	2	建設省土木研究所		
		$3	016	2	００２５８０４１#		
レコード作成機関	801	$A	002	1	JP		
		$B	027	1	National Diet Library,Japan		
		$C	008	1	20001113		
		$G	004	1	NCRT		
		$2	007	1	jpnmarc#		
国立国会図書館の請求記号	905	$A	018	2	NA156-G22#		
官庁コード	915	$A	006	2	R10#@		

＜その２＞民間納入図書
　　　９９１１２４２５

フィールド名	FLD ID	SUBFLD ID		データ				
レコードラベル				01212NAM	0600277 I 45			
ディレクトリ				001000900000	010002000009	020002300029	100004200052	101001000094
				102000900104	251006100113	265001100174	270004700185	275002900232
				281002700261	350003900288	360001900327	551019100346	581010900537
				658005700646	677002500703	685001900728	751008100747	801007900828
				905002700907 #				
レコード識別番号	001			99112425#				
国際標準図書番号	010	$A	013　1	4-7972-5095-X#				
全国書誌番号	020	$A	002　1	JP				
		$B	008　1	99112425#				
一般的処理データ	100	$A	035　1	19991025 1998　　　0JPN 1312　　　#				
著作の言語	101	$A	003　1	JPN#				
出版国または製作した国	102	$A	002　1	JP#				
タイトルと責任表示に関する事項	251	$A	022　2	親族法準コンメンタール				
		$B	010　2	総論・総則				
		$F	010　2	沼正也//著#				
	265	$A	004　2	新版#				
出版・頒布等に関する事項	270	$A	004　2	東京				
		$B	010　2	信山社出版				
		$D	014　2	1998.10#				
形態に関する事項	275	$A	008　2	925p				
		$B	008　2	22cm#				
シリーズに関する事項	281	$A	012　2	沼正也著作集				
		$D	002　2	8#				
一般注記	350	$A	032　2	初版：中央大学出版部昭和38年刊#				
装丁と定価に関する事項	360	$C	012　2	26000円#				
タイトル標目	551	$A	036　2	シンゾクホウ ジュン コンメンタール				
		$X	052　2	Sinzokuhou zyun konmentaru				
		$B	010　2	251A1				
		$A	018　2	ソウロン ソウソク				
		$X	028　2	Souron sousoku				
		$B	010　2	251B1#				
シリーズのタイトル標目	581	$A	028　2	ヌマ セイヤ チョサクシュウ				
		$X	044　2	Numa seiya tyosakusyuu				
		$B	010　2	281A1				
		$D	002　2	8#				
一般件名標目	658	$A	012　2	シンゾクホウ				
		$X	020　2	Sinzokuhou				
		$B	006　2	親族法#				
ＮＤＣ	677	$A	010　2	324.6				
		$V	002　2	9#				
ＮＤＬＣ	685	$A	012　2	AZ-841#				
著者標目	751	$A	012　2	ヌマ，セイヤ				
		$X	020　2	Numa, Seiya				
		$B	008　2	沼//正也				
		$3	016　2	00056991#				
レコード作成機関	801	$A	002　1	JP				
		$B	027　1	National Diet Library,Japan				
		$C	008　1	19991025				
		$G	004　1	NCRT				
		$2	007　1	jpnmarc#				
国立国会図書館の請求記号	905	$A	020　2	AZ-841-G95#@				

＜その３＞簡略整理図書
　　　　２０１０１４７６

フィールド名	FLD_ID	SUBFLD_ID	データ
レコードラベル			00939NAM　　0600229 I 45
ディレクトリ			001000900000　　010002000009　　020002300029　　100004200052　　101001000094
			102000900104　　251004100113　　265001300154　　270005100167　　275002900218
			281002600247　　360001700273　　551007900290　　581010100369　　751013700470
			801007900607　　905002300686 #
レコード識別番号	001		20101476#
国際標準図書番号	010	$A　013　1	4-88727-337-1#
全国書誌番号	020	$A　002　1	JP
		$B　008　1	20101476#
一般的処理データ	100	$A　035　1	20001212 2000　　　0JPN 1312　　#
著作の言語	101	$A　003　1	JPN#
出版国または製作した国	102	$A　002　1	JP#
タイトルと責任表示に関する事項	251	$A　010　2	事例本民法
		$F　018　2	辰巳法律研究所//編#
版に関する事項	265	$A　006　2	補訂版#
出版・頒布等に関する事項	270	$A　004　2	東京
		$B　014　2	辰巳法律研究所
		$D　014　2	１９９９．１２#
形態に関する事項	275	$A　008　2	３３１ｐ
		$B　008　2	２６ｃｍ#
シリーズに関する事項	281	$A　020　2	司法試験イオシリーズ#
装丁と定価に関する事項	360	$C　010　2	３２００円#
タイトル標目	551	$A　020　2	ジレイボン　ミンポウ
		$X　030　2	Zireibon minpou
		$B　010　2	251A1#
シリーズのタイトル標目	581	$A　030　2	シホウ　シケン　イオ　シリーズ
		$X　042　2	Sihou siken io sirizu
		$B　010　2	281A1#
著者標目	751	$A　032　2	タツミ　ホウリツ　ケンキュウジョ
		$X　050　2	Tatumi houritu kenkyuuzyo
		$B　014　2	辰巳法律研究所
		$3　016　2	00313819#
レコード作成機関	801	$A　002　1	JP
		$B　027　1	National Diet Library,Japan
		$C　008　1	20001212
		$G　004　1	NCRT
		$2　007　1	jpnmarc#
国立国会図書館の請求記号	905	$A　016　2	Y５３－２７６７#@

<その４>電子資料
２００９４３８８

フィールド名	FLD ID	SUBFLD ID			データ				
レコードラベル					01784nLM	0600241 I 45			
ディレクトリ					001000900000	010002000009	020002300029	100004200052	101001000094
					102000900104	251013000113	269002300243	270004900266	275005300315
					360001700368	387053900385	551038900924	677002901313	751008701342
					801007901429	905002101508	915001301529 #		
レコード識別番号	001				20094388#				
国際標準図書番号	010	$A	013	1	4-17-569211-8#				
全国書誌番号	020	$A	002	1	JP				
		$B	008	1	20094388#				
一般的処理データ	100	$A	035	1	20001113 2000　　　　HOJPN 1312　　　#				
著作の言語	101	$A	003	1	JPN#				
出版国または製作した国	102	$A	002	1	JP#				
タイトルと責任表示に関する事項	251	$A	012	2	科学技術白書				
		$B	049	2	科学技術政策の新展開-国家的・社会的な要請に応えて				
		$D	012	2	平成１１年版				
		$F	014	2	科学技術庁//編				
		$W	012	2	〔電子資料〕#				
電子資料の特性に関する事項	269	$A	016	2	テキスト・データ#				
出版・頒布等に関する事項	270	$A	004	2	東京				
		$B	012	2	大蔵省印刷局				
		$D	014	2	1999.10#				
形態に関する事項	275	$A	016	2	CD－ROM１枚				
		$B	008	2	１２cm				
		$E	010	2	説明書６ｐ#				
装丁と定価に関する事項	360	$C	010	2	5500円#				
システム要件に関する注記	387	$A	018	2	Macintosh				
		$A	030	2	OSは漢字Ｔａｌｋ ７.１以降				
		$A	032	2	CD－ROMドライブは２倍速以上				
		$A	056	2	表示色は２５６色以上（２５６色又は３２,０００色を推奨）				
		$A	026	2	空きメモリは８Mバイト以上				
		$A	048	2	MS－Excel利用の場合は別途空きメモリが必要				
		$A	014	2	Windows				
		$A	054	2	日本語MS－Windows ver.３.１・９５・９８				
		$A	060	2	CPU i486DX／33MHz以上（66MHz以上を推奨）				
		$A	048	2	メモリは８Mバイト以上（１６Mバイト以上を推奨）				
		$A	032	2	CD－ROMドライブは２倍速以上				
		$A	048	2	表示色は２５６色以上（６５,０００色以上を推奨） #				
タイトル標目	551	$A	026	2	カガク ギジュツ ハクショ				
		$X	044	2	Kagaku gizyutu hakusyo				
		$B	010	2	251A1				
		$D	008	2	1999				
		$A	096	2	カガク ギジュツ セイサク ノ シンテンカイ コッカテキ シャカイテキナ ヨウセイ ニ コタエテ				
		$X	152	2	Kagaku gizyutu seisaku no sintenkai kokkateki syakaitekina yousei ni kotaete				
		$B	010	2	251B1#				
NDC	677	$A	014	2	402.106				
		$V	002	2	9#				
著者標目	751	$A	022	2	カガク ギジュツチョウ				
		$X	036	2	Kagaku gizyututyou				
		$B	010	2	科学技術庁#				
レコード作成機関	801	$A	002	1	JP				
		$B	027	1	National Diet Library,Japan				
		$C	008	1	20001113				
		$G	004	1	NCRT				
		$2	007	1	jpnmarc#				
国立国会図書館の請求記号	905	$A	014	2	YH231-1#				
官庁コード	915	$A	006	2	D1N#@				

＜その５＞逐次刊行物（雑誌）
　　　　００７０５８８

フィールド名	FLD_ID	SUBFLD_ID		データ			
レコードラベル				01475NAS　　0600265 I 45			
ディレクトリ				001000900000　　011001600009　　020002300025　　100004200048　　101001900090			
				102001700109　　110001800126　　251007500144　　261006700219　　267004900286			
				270006900335　　275001500404　　350002900419　　430003500448　　551032500483			
				685001300808　　751010500821　　801007900926　　905008501005　　910011901090 #			
レコード識別番号	001			00070588#			
国際標準逐次刊行物番号	011	$A	009　1	0915-0080#			
全国書誌番号	020	$A	002　1	JP			
		$B	008　1	00070588#			
一般的処理データ	100	$A	035　1	19881214B19851999　　0JPN 1312　　　#			
著作の言語	101	$A	003　1	JPN			
		$A	003　1	ENG#			
出版国または製作した国	102	$A	002　1	JP			
		$B	002　1	13#			
コード化データフィールド	110	$A	011　1	AK　　　　　#			
タイトルと責任表示に関する事項	251	$A	032　2	東京造形大学雑誌．　Ａ，　論文編			
		$F	030　2	東京造形大学雑誌編集委員会//編#			
並列タイトルに関する事項	261	$A	060　2	Ｊｏｕｒｎａｌ　ｏｆ　Ｔｏｋｙｏ　Ｚｏｋｅｉ　Ｄａｉｇａｋｕ＃			
巻次，年月次に関する事項	267	$A	042　2	２号（昭和６０年）　－　１０号（１９９９）＃			
出版・頒布等に関する事項	270	$A	006　2	八王子			
		$B	026　2	東京造形大学雑誌編集委員会			
		$D	018　2	１９８５－１９９９＃			
形態に関する事項	275	$B	008　2	２６ｃｍ＃			
一般注記	350	$A	022　2	並列タイトルの変更あり＃			
先行記入	430	$1	028　2	分割前誌：　東京造形大学雑誌＃			
タイトル標目	551	$A	062　2	トウキョウ　ゾウケイ　ダイガク　ザッシ．　Ａ，　ロンブン　ヘン			
		$X	086　2	Ｔｏｕｋｙｏｕ　ｚｏｕｋｅｉ　ｄａｉｇａｋｕ　ｚａｓｓｉ．　Ａ，　ｒｏｎｂｕｎ　ｈｅｎ			
		$B	010　2	２５１Ａ１			
		$A	060　2	Ｊｏｕｒｎａｌ　ｏｆ　Ｔｏｋｙｏ　Ｚｏｋｅｉ　Ｄａｉｇａｋｕ			
		$X	060　2	Ｊｏｕｒｎａｌ　ｏｆ　Ｔｏｋｙｏ　Ｚｏｋｅｉ　Ｄａｉｇａｋｕ			
		$B	010　2	２６１Ａ１＃			
ＮＤＬＣ	685	$A	006　2	ＺＫ１＃			
著者標目	751	$A	030　2	トウキョウ　ゾウケイ　ダイガク			
		$X	044　2	Ｔｏｕｋｙｏｕ　ｚｏｕｋｅｉ　ｄａｉｇａｋｕ			
		$B	012　2	東京造形大学＃			
レコード作成機関	801	$A	002　1	JP			
		$B	027　1	National Diet Library,Japan			
		$C	008　1	20010530			
		$G	004　1	NCRT			
		$2	007　1	jpnmarc#			
国立国会図書館の請求記号	905	$A	016　2	Ｚ１１－１８６７			
		$D	042　2	２号（昭和６０年）　－　１０号（１９９９）			
		$F	008　2	以後廃刊＃			
大学コード	910	$A	030　2	トウキョウ　ゾウケイ　ダイガク			
		$X	044　2	Ｔｏｕｋｙｏｕ　ｚｏｕｋｅｉ　ｄａｉｇａｋｕ			
		$B	012　2	東京造形大学			
		$3	008　2	２１０７＃@			

＜その６＞逐次刊行物（新聞）
　　００／０６０１８２

フィールド名	FLD_ID	SUBFLD_ID		データ
レコードラベル				01032NAS　0600241 I 45
ディレクトリ				001000900000　020002300009　100004200032　101001000074　102001700084
				110001800101　251002700119　267004500146　270004900191　275001500240
				350009700255　430002900352　440007500381　551010100456　685001300557
				751007900570　801007900649　905006200728　#
レコード識別番号	001			00060182#
全国書誌番号	020	$A	002　1	JP
		$B	008　1	00060182#
一般的処理データ	100	$A	035　1	19000101A1888　　　0JPN 1312　　#
著作の言語	101	$A	003　1	JPN#
出版国または製作した国	102	$A	002　1	JP
		$B	002　1	13#
コード化データフィールド	110	$A	011　1	CA　　#
タイトルと責任表示に関する事項	251	$A	020　2	朝日新聞，〔東京〕#
巻次・年月次に関する事項	267	$A	038　2	１０７６号（明治２１年７月１０日）　－#
出版・頒布等に関する事項	270	$A	004　2	東京
		$B	016　2	朝日新聞東京本社
		$D	010　2	１８８８－#
形態に関する事項	275	$B	008　2	５５ｃｍ#
一般注記	350	$A	090　2	１０７６号から１９５４７号までのタイトル：東京朝日新聞　出版者は変更あり　大きさは変更あり#
先行記入	430	$1	022　2	「めさまし新聞」の改題#
後継記入	440	$1	068　2	２３５７０号（昭和２６年１０月１日）〜　「夕刊朝日新聞　東京」を合併#
タイトル標目	551	$A	030　2	アサヒ　シンブン，トウキョウ
		$X	042　2	Asahi　sinbun, toukyou
		$B	010　2	２５１Ａ１#
NDLC	685	$A	006　2	ＺＺ４#
著者標目	751	$A	020　2	アサヒ　シンブンシャ
		$X	030　2	Asahi　sinbunsya
		$B	010　2	朝日新聞社#
レコード作成機関	801	$A	002　1	JP
		$B	027　1	National Diet Library,Japan
		$C	008　1	20010530
		$G	004　1	NCRT
		$2	007　1	jpnmarc#
国立国会図書館の請求記号	905	$A	010　2	Ｚ８１－１
		$D	038　2	１０７６号（明治２１年７月１０日）　－#@

１４． データ要素概要

０－－ 識別ブロック

　このブロックの各フィールドには、レコードを識別するための各種のコード番号を収録する。１バイトモード。

００１　　レコード識別番号（必須）

０１０　　国際標準図書番号（ＩＳＢＮ）

０１１　　国際標準逐次刊行物番号（ＩＳＳＮ）

０２０　　全国書誌番号（必須）

００１　レコード識別番号（必須）

サブフィールド識別文字	サブフィールド名	注
なし	レコード・コントロール番号	ノン・リピータブル 固定長８桁

◇例１◇　００１　９１０２１３４０#
◇例２◇　００１　２００００００１#
◇例３◇　００１　００１１５０１７#
◇例４◇　００１　１００２２５７１#

【解説】

①　このフィールドにはレコード識別番号を収める。データは１バイトモード。

②　レコード識別番号は、全国書誌番号の８桁と同じである。タグ０２０（全国書誌番号）の項を参照のこと。

010

010　国際標準図書番号（ＩＳＢＮ）

サブフィールド識別文字	サブフィールド名	注	ＮＣＲ条項
Ａ	ＩＳＢＮ	リピータブル 固定長１３桁	1.8.1 2.8.1

◇例１◇　０１０　＄Ａ　４－８１６９－００２４－１＃
◇例２◇　０１０　＄Ａ　４－８４４４－０１０５－Ｘ　　（各冊のＩＳＢＮ）
　　　　　　　　　＄Ａ　４－８４４４－０１０１－７＃　（セットのＩＳＢＮ）

【解説】

① このフィールドには、「日本図書コード」のうちＩＳＢＮ１０桁（ハイフンを入れて１３桁）あるいは日本以外の国で付与されたＩＳＢＮ１０桁（ハイフンを入れて１３桁）を収める。データは１バイトモード。「日本図書コード」の分類コードおよび価格コードは含めない。価格については、タグ３６０（装丁と定価に関する注記）のサブフィールドＢ、Ｃを参照のこと。

② ２冊以上のセットものの分割記入の場合は、各冊のＩＳＢＮに加えて、セット全体のＩＳＢＮを繰り返す。（セットのタイトルがタグ２５１（タイトルと責任表示に関する事項）、タグ２８１（シリーズに関する事項）のいずれのフィールドにあってもよい。）

③ セット全体にＩＳＢＮがあり、かつ一括記入とした場合は、原則としてセット全体のＩＳＢＮのみを収録し、各冊のＩＳＢＮは収録しない。
　セット全体のＩＳＢＮがなく、かつ一括記入とした場合は、第１巻のＩＳＢＮのみを収録した場合がある。

④ 資料に表示されていても、誤ったコードの場合には収録しない。

011

011　国際標準逐次刊行物番号（ＩＳＳＮ）

サブフィールド識別文字	サブフィールド名	注	ＮＣＲ条項
Ａ	ＩＳＳＮ	リピータブル 固定長９桁	1.8.1 13.8.1

◇例１◇　011　＄Ａ０９１３－５９４４＃

◇例２◇　011　＄Ａ００２７－９１５３
　　　　　　　＄Ａ００１５－７２１Ｘ＃

【解説】

①　このフィールドには、ＩＳＳＮセンターが当該逐次刊行資料に付与したＩＳＳＮ８桁（ハイフンを入れて９桁）を収める。また逐次刊行資料に対するＩＳＳＮのほかに、シリーズに対するＩＳＳＮも収録する場合がある。データは１バイトモード。

②　シリーズ名等に対するＩＳＳＮを含め、２以上のＩＳＳＮがある場合は繰り返す。

③　資料に表示されていても、誤ったコードの場合には収録しない。

０２０　全国書誌番号（必須）

サブフィールド識別文字	サブフィールド名	注
A	国名コード	ノン・リピータブル 固定長２桁、「ＪＰ」を収録
B	全国書誌番号	ノン・リピータブル 固定長８桁

◇例１◇　０２０　＄Ａ　ＪＰ　＄Ｂ　９１０２１３４０＃
◇例２◇　０２０　＄Ａ　ＪＰ　＄Ｂ　２０００００１＃
◇例３◇　０２０　＄Ａ　ＪＰ　＄Ｂ　０００７０５８８＃

【解説】

① このフィールドには、国名コードと全国書誌番号を収める。データは１バイトモード。

② サブフィールドＡに収録する「ＪＰ」は、ＩＳＯ　３１６６－１およびＪＩＳ　Ｘ　０３０４による日本の国名２字コードである。

③ サブフィールドＢは全国書誌番号を収録する。全国書誌番号は、次頁に示すような番号体系となっている。
　逐次刊行資料については、２００２年１２月までは「Ｓ」で始まる全国書誌番号を使用しているが、２００３年１月からレコード識別番号と同一のものに変更する。
　　（例１）０２０　＄Ａ　ＪＰ　＄Ｂ　Ｓ００５５９６０＃　　（２００２年１２月以前）
　　（例２）０２０　＄Ａ　ＪＰ　＄Ｂ　０００５５９６０＃　　（２００３年１月以降）

単行資料の全国書誌番号の構成

４０××××××〜４１××××××	1868年〜1912年（明治期）
４２××××××〜４３××××××	1912年〜1926年（大正期）
４４×××××× ４６××××××〜４７××××××	1926年（昭和元年）〜1949年3月
４５××××××	児童書遡及版
４８××××××〜６８××××××	1948年〜1968年の遡及入力 上位2桁は西暦年下2桁に一致
６９××××××〜７５×××××× 　６９０００００１〜６９０２７７８６ 　７０００００００１〜７００２８７６８ 　７１０００００１〜７１０２０４６１ 　７２０００００１〜７２０１３４６５ 　７３０００００１〜７３０２３３１１ 　７４０００００１〜７４０１３００４ 　７５０００００１〜７５０３０８４０ 　７５０４００００〜７５０５１１６１ 　７５０６００００〜７５０８８２３０	1969年〜1976年の遡及入力 主題分野別に割当 　科学技術 　経済・産業 　社会・労働・教育 　政治・法律・行政・議会・法令資料 　歴史・地理 　学術一般、哲学・宗教 　言語・文学 　芸術 　娯楽・家庭書・その他
７６０００００１〜７６００２１６４	1976年の児童書のみ
７７０００００１〜９９１３１６７４	1977年〜1999年のカレント入力 上位2桁は西暦年下2桁に一致
２００００００１〜２９９９９９９９	2000年以降のカレント入力 3桁めも空けない一連番号

逐次刊行資料の全国書誌番号の構成

００００００１〜００９９９９９９	2002年までの和逐次刊行資料に対して付与
１０××××××	2002年までの国内刊行洋逐次刊行資料に対して付与
０１××××××	2003年以降の全ての逐次刊行資料に対して一連番号として付与

１－－　コード化情報ブロック

　このブロックの各フィールドには、情報検索やレコードの判定ができるようなコード化したデータを収録する。１バイトモード。

```
１００    一般的処理データ（必須）

１０１    著作の言語

１０２    出版国または製作した国

１１０    コード化データフィールド
              （逐次刊行資料）
```

100

１００　一般的処理データ （必須）

サブフィールド識別文字	サブフィールド名	注
A	一般的処理データ	ノン・リピータブル 固定長３５桁

一般的処理データの内容

データ要素名	桁数	例および注
ファイルに入れた日付	8	１９９７０４２４ （西暦年月日）
刊行種別コード	1	逐次刊行資料でのみ使用 A：継続刊行中 B：刊行終了 C：刊行状態不明 単行資料では空白
刊行年（1）	4	１９９１ （西暦年）
刊行年（2）	4	１９９５ （西暦年）
対象利用者コード	3	C：児童書 D：学習試験図書 E：大衆娯楽誌 F：児童誌・学習受験誌 G：暫定処置資料 空白：それ以外
官庁刊行物コード	1	H：官庁刊行物 空白：それ以外
改変レコードコード	1	0：JIS外字なし 1：JIS外字あり
目録用言語コード	3	言語コード（ISO 639-2） JPN：和資料、ENG：欧文資料
予備	1	空白
文字セット	4	１３１２ 13：EBCDIC、12：JIS X 0208
予備	5	空白

◇例1◇　１００　＄Ａ　１９８８０２０５△１９８７△△△△△Ｈ１ＪＰＮ△１
　　　　　　　　３１２△△△△△＃
◇例2◇　１００　＄Ａ　１９９９０２１５△１９６７１９９６Ｃ△△△０ＪＰＮ△１
　　　　　　　　３１２△△△△△＃
◇例3◇　１００　＄Ａ　２０００１１１７Ａ２０００△△△△Ｅ△△△０ＪＰＮ△１
　　　　　　　　３１２△△△△△＃

【解説】

① このフィールドには、一般的処理データを収める。データは１バイトモード。

② 一般的処理データは前表の通りのデータ要素に分かれた全３５桁の固定長である。

③ ファイルに入れた日付は、レコードが完成した日付を８桁で収録する。

④ ９桁目の刊行種別コードは、逐次刊行資料でのみ使用する。Ｂは休刊、廃刊、改題、廃刊の別な形（他の媒体への移行）等、書誌としての終了状況を表わすことすべてを含む。

⑤ １０桁目からの４桁に刊行年（１）を、１４桁目からの４桁に刊行年（２）を収録する。刊行年（１）には刊行年、継続物の最初の年および逐次刊行資料の初年を収録している。また、刊行年（２）には主として継続物の最新の年、逐次刊行資料の終年を収録している。

　　（例1）２７０　＄Ｄ　１９８２－１９８３
　　　　　　　　　　　　　　　　　　　　刊行年(1)　　刊行年(2)
　　　　　　　　　　　　　　　　　⇒　　１９８２　　１９８３
　　（例2）２７０　＄Ｄ　〔１９７－〕
　　　　　　　　　　　　　　　　　⇒　　１９７？　　△△△△
　　（例3）２７０　＄Ｄ　１９６７．１（１００刷：１９９６．２）
　　　　　　　　　　　　　　　　　⇒　　１９６７　　１９９６

以前のデータでは、刊行年の不明桁に「？」を使用せず、「０」で表示している場合がある。

　　（例4）２７０　＄Ｄ　〔１９７－〕　　　⇒　　１９７０　　△△△△
　　（例5）２７０　＄Ｄ　〔出版年不明〕　　⇒　　００００　　△△△△
　　（例6）２７０　＄Ｄ　〔昭和年間〕　　　⇒　　１９４０　　△△△△
　　　（または、＄Ｄ　〔昭和－－〕　　　⇒　　１９４０　　△△△△ ）

(例7)　２７０　$D〔大正ーー〕　⇒　１９２０　△△△△

⑥　１８桁目から３桁は対象利用者コード、２１桁目は官庁刊行物コードを収める。コード値については、「一般的処理データの内容」を参照のこと。
　単行資料の以前のレコードでは、対象利用者コード、官庁刊行物コードおよび目録用言語コードはすべて空白となっている。

42

１０１　著作の言語

サブフィールド識別文字	サブフィールド名	注
A	テキストの言語	リピータブル 固定長３桁、言語コード
C	原文の言語	リピータブル 固定長３桁、言語コード

◇例1◇　１０１　＄Ａ　ＪＰＮ＃
◇例2◇　１０１　＄Ａ　ＪＰＮ　＄Ａ　ＥＮＧ＃
◇例3◇　１０１　＄Ａ　ＪＰＮ　＄Ｃ　ＥＮＧ＃

【解説】

① このフィールドには、テキストの言語および原文の言語のコードを収録する。言語コードはＩＳＯ　６３９－２を使用する。データは１バイトモード。

② 直訳、重訳、抄訳にかかわりなく翻訳資料とみなすが、以下のものは翻訳資料とはみなさない。また、年代によってはサブフィールドＣにデータを収録していないことがある。

・古文の現代語訳　　・漢文の読み下し文　　・語学用学習テキスト
・翻案　　　　　　　・対訳書　　　　　　　・編纂もの
・点字資料および楽譜　・雑誌の一論文の翻訳
・他言語からの翻訳であるが、原稿からの翻訳で、原語の出版物が存在しないもの

１０２　出版国または製作した国

サブフィールド識別文字	サブフィールド名	注
Ａ	出版国コード	リピータブル 固定長２桁
Ｂ	出版地コード	リピータブル 固定長２桁、都道府県コード 逐次刊行資料でのみ使用（2002年まで）

◇例１◇　１０２　＄Ａ　ＪＰ＃
◇例２◇　１０２　＄Ａ　ＪＰ　＄Ｂ　１３＃

【解説】

① このフィールドには、出版国コードと出版地コードを収める。データは１バイトモード。

② サブフィールドＡに収録する国名コードは、ＩＳＯ　３１６６－１を使用する。

③ サブフィールドＢに収録する出版地コードには、都道府県のコードを逐次刊行資料のみで使用している（2002年までのカレント入力分）。都道府県コードは、ＪＩＳ　Ｘ　０４０１を使用する。

１１０　コード化データフィールド（逐次刊行資料）

サブフィールド識別文字	サブフィールド名	注
A	コード化データフィールド	ノン・リピータブル 固定長11桁

コード化データフィールドの内容

データ要素名	桁数	例および注
逐次刊行資料種別コード	1	A：雑誌 C：新聞
刊行頻度	1	ＵＮＩＭＡＲＣ刊行頻度
予備	9	

◇例１◇　１１０　＄A　AF△△△△△△△△＃　（雑誌で月刊）

◇例２◇　１１０　＄A　CD△△△△△△△△＃　（新聞で隔週刊）

【解説】

① このフィールドには、コード化データフィールド（逐次刊行資料）を収める。コード化データフィールドは前表の通りのデータ要素に分かれた全１１桁の固定長である。データは１バイトモード。

② 逐次刊行資料種別コードにおいて以前は「B：年鑑・年報類」「Z：その他」を使用していたが今後は使用しない。

③ 刊行頻度はＵＮＩＭＡＲＣのコードと同一のものを使用する。

A	日　　刊	F	月　　刊	K	年　　刊	U	不　　明
B	半 週 刊	G	隔 月 刊	L	２年１回刊	Y	不定期刊行
C	週　　刊	H	季　　刊	M	３年１回刊	Z	そ の 他
D	隔 週 刊	I	年３回刊	N	週 ３ 回刊		
E	半 月 刊	J	半 年 刊	O	月 ３ 回刊		

2－－　記述ブロック（1）

　このブロックの各フィールドには、『日本目録規則　1987年版改訂版』（NCR）の第Ⅰ部「記述」で規定した書誌的事項のうち、「記述総則」では 1.1～1.6、1.10 に当たる部分を収録する。2バイトモード。

251～259	タイトルと責任表示に関する事項（251必須）
261	並列タイトルに関する事項
265	版に関する事項
266	地図資料の数値データに関する事項
267	逐次刊行資料の巻次，年月次に関する事項
268	楽譜の種類に関する事項
269	電子資料の特性に関する事項
270	出版・頒布等に関する事項
275	形態に関する事項
281～283	シリーズに関する事項
291～299	多巻ものの各巻のタイトルと責任表示に関する事項

251-259 タイトルと責任表示に関する事項 (251必須)

サブフィールド識別文字	サブフィールド名	注	NCR条項
A	本タイトル	ノン・リピータブル (必須)	1.1.1
B	タイトル関連情報	ノン・リピータブル	1.1.4
D	巻次、回次、年次等	ノン・リピータブル	1.10.1.1
F	責任表示	ノン・リピータブル	1.1.5
W	資料種別	ノン・リピータブル	1.1.2

◇例1◇　251　＄A 原子力平和的利用海外調査団報告＃
◇例2◇　251　＄A 淡水藻類写真集 ＄D 18巻＃
◇例3◇　251　＄A 灯火の歴史 ＄B 机の上の太陽 ＄F ミハイル・イリン//著 ＄F 原光雄//訳＃
◇例4◇　251　＄A 脳卒中診療の進歩 ＄B テープとカラーグラフによる ＄F 黒岩義吾郎//〔ほか述〕 ＄W〔録音資料〕＃
◇例5◇　251　＄A 法学セミナー ＄F 日本評論社//〔編〕＃

【解説】

① このフィールドには、タイトルと責任表示に関する事項を収める。また、単行資料においては巻次、回次、年次等も収める。

② 総合タイトルがなく、資料の内容をなす各著作のタイトル等が表示されている場合には、各著作名等を251～9のフィールドにそれぞれ収録する。
　　（例1）251　＄A 土佐日記 ＄F 紀貫之//著 ＄F 池田弥三郎//訳＃
　　　　　252　＄A 蜻蛉日記 ＄F 藤原道綱母//著 ＄F 室生犀星//訳＃

　総合タイトルがない場合で、責任表示が各著作に共通しているときにも、251～9のフィールドにそれぞれ収録し、責任表示を省略しないで収録する。
　　（例2）251　＄A たけくらべ ＄F 宇海冬香//作画 ＄F 辻真先, 比留間さつき//構成 ＄F 樋口一葉//〔原作〕＃
　　　　　252　＄A にごりえ ＄F 宇海冬香//作画 ＄F 辻真先, 比留間さつき//構成 ＄F 樋口一葉//〔原作〕＃

         ２５３　＄Ａ　十三夜　＄Ｆ　宇海冬香//作画　＄Ｆ　辻真先，比留間さつ
         き//構成　＄Ｆ　樋口一葉//〔原作〕　＃

　　　ただし、年代によっては各著作のタイトル以外がすべて共通しているときは２５１
　　のフィールドに収録しているものがある。
         （例３）２５１　＄Ａ　たけくらべ・にごりえ・十三夜　＄Ｆ　宇海冬香//作画　＄Ｆ
         辻真先，比留間さつき//構成　＄Ｆ　樋口一葉//〔原作〕　＃

③　逐次刊行資料の部編は、本タイトルに続けてサブフィールドＡに収録する。
         （例１）２５１　＄Ａ　東京造形大学雑誌．△Ａ，△論文編

④　２以上のタイトル関連情報がある場合には、それらを空白で区切って収録する。
         （例１）２５１　＄Ａ　信仰治療の秘密　＄Ｂ　現代医学に挑む△神の力か、悪魔
         の力か？

⑤　サブフィールドＤには、単行資料の巻次、回次、年次を収録し、逐次刊行資料では
　　使用しない。巻次等に上下のレベルが存在する場合、レベル間は空白またはハイフ
　　ンを入れる。
         （例１）＄Ｄ　第１３集（１９７７年版）
         （例２）＄Ｄ　５（近畿・東海編）
         （例３）＄Ｄ　古代中世編△第５巻
         （例４）＄Ｄ　資料編△考古△１
         （例５）＄Ｄ　２－３

⑥　責任表示における著者名と著作の種類を示す語（著、共著、作、文、画、撮影、作
　　曲、編等）（ＮＣＲ１．１．５参照）との間には、//（ダブルスラッシュ）を入れる。
         （例１）＄Ｆ　有斐閣//〔編〕
         （例２）＄Ｆ　高添一郎//〔ほか〕著

⑦　役割を異にする著者（例えば原著者と訳者）はサブフィールドＦを繰り返して収録
　　する。
         （例１）＄Ｆ　カール・マルクス//著　＄Ｆ　宮川実//訳

⑧　同一の役割の著者は、原則として同一サブフィールド（Ｆ）内に、カンマで区切っ
　　て収録する。同一の役割の著者は、４以上の場合最初または主な１著者のみを記録
　　しそれ以外の著者は省略する。ただし、以前のデータでは３以上の場合最初または

主な1著者のみを記録しそれ以外の著者は省略している場合がある。
＜3まで同一の役割をする著者を記録している例＞
　　（例１）＄Ｆ　黒田寿郎，柏木英彦//著
　　（例２）＄Ｆ　串田孫一，今井通子，今福龍太//編
＜2まで同一の役割をする著者を記録している例＞
　　（例３）＄Ｆ　黒田寿郎，柏木英彦//著
　　（例４）＄Ｆ　串田孫一//〔ほか〕編

ただし、次のような例外もある。
　　（例５）＄Ｆ　梅田俊作・佳子//著
　　（例６）＄Ｆ　フレッド＆ジュディ・バーモレル//著
　　（例７）＄Ｆ　高見恭子＋上品倶楽部//著

⑨　サブフィールドWの資料種別には、つぎのような用語を収録する。
　　①〔写本〕　　　　②〔稿本〕　　　　③〔地図資料〕
　　④〔楽譜〕　　　　⑤〔録音資料〕　　⑥〔映像資料〕
　　⑦〔静止画資料〕　⑧〔電子資料〕　　⑨〔点字資料〕
　　⑩〔マイクロ資料〕

２６１　並列タイトルに関する事項

サブフィールド識別文字	サブフィールド名	注	NCR条項
A	並列タイトル	リピータブル	1.1.3
B	並列タイトル関連情報	ノン・リピータブル 逐次刊行資料でのみ使用	1.1.4.1
F	並列責任表示	リピータブル 逐次刊行資料でのみ使用	1.1.5.2

◇例１◇　２５１　＄Ａ　日本研究のための参考図書＃
　　　　　２６１　＄Ａ　A△guide△to△reference△books△for△Japanese△studies＃
◇例２◇　２５１　＄Ａ　森の研究＃
　　　　　２６１　＄Ａ　Research△topics△on△forestry＃
◇例３◇　２５１　＄Ａ　精神科救急　＄Ｂ　日本精神科救急学会誌＃
　　　　　２６１　＄Ａ　Emergency△psychiatry＄ＢThe△Journal△of△the△Japanese△Association△for△emergency△psychiatry＃

【解説】

① このフィールドには、並列タイトルに関する事項を収める。単行資料の以前のデータにはタグ２６１は存在しない。

② 並列タイトルは、タグ２５１（本タイトル）に対応する別言語・別文字のタイトルで所定の情報源に表示されているものを収録する。並列タイトルは、欧米語に限らない。本タイトルが欧米語で、日本語のタイトルが並列タイトルとなる場合がある。

③ 逐次刊行資料の部編は、並列タイトルに続けてサブフィールドAに収録する。

④ ２以上の並列タイトル関連情報がある場合は、△：△で区切って収録する。

⑤ 並列責任表示は、欧文逐次刊行資料でのみ使用しており、著作の種類を示す語は存在しない。

２６５　版に関する事項

サブフィールド識別文字	サブフィールド名	注	ＮＣＲ条項
Ａ	版表示等	ノン・リピータブル	1.2

◇例１◇　２６５　＄Ａ　第２版＃
◇例２◇　２６５　＄Ａ　新版△全訂＃
◇例３◇　２６５　＄Ａ　補訂第４刷＃
◇例４◇　２６５　＄Ａ　日本語版＃
◇例５◇　２６５　＄Ａ　複製版＃

【解説】

① このフィールドには、版に関する事項を収める。「昭和５２年度版」等、年次として扱ったものは単行資料においてはタグ２５１～９（タイトルと責任表示に関する事項）のサブフィールドＤに収録する。

② 特定の版にのみ関係する責任表示（ＮＣＲ1.2.2参照）は、版表示の後に／（スラッシュ）、その役割を示す語は責任表示の後に／／（ダブルスラッシュ）で区切って収録する。
　　（例１）　＄Ａ　増補版／萩沢清彦／／増補＃
　　（例２）　＄Ａ　修訂版／鎌田正，米山寅太郎／／修訂＃

③ 特殊な版表示（装丁や出版物の流通範囲を示す版。ＮＣＲ1.7.3参照）や翻訳資料の原著の版次は、タグ３５０（一般注記）やタグ３５４（原タイトル注記）に収録する。

④ 版次に相当するような刷次の表示を収録することがある。また、刷次の表示中に特に改訂、増補等の表示があれば、これを付加的版表示として収録する。タグ２７０（出版・頒布等に関する事項）のサブフィールドＤを参照のこと。

２６６　地図資料の数値データに関する事項

サブフィールド識別文字	サブフィールド名	注	ＮＣＲ条項
Ａ	数値データ	リピータブル	1.3
			4.3

◇例１◇　２６６　＄Ａ　１：２５０００△；△ユニバーサル横メルカトル図法＃
◇例２◇　２６６　＄Ａ　１：４５００＃
◇例３◇　２６６　＄Ａ　［縮尺不定］＃

【解説】

① このフィールドは、地図資料についてのみ使用をし、地図資料の資料特性事項である地図資料の数値データに関する事項を収める。

② サブフィールドＡは、地図資料の数値データである縮尺と投影法表示を収録する。縮尺と投影法の間は、空白とセミコロンで区切って収録する。

267　逐次刊行資料の巻次，年月次に関する事項

サブフィールド識別文字	サブフィールド名	注	ＮＣＲ条項
A	巻次・年月次	ノン・リピータブル	1.3 13.3

◇例1◇　２６７　＄Ａ　１巻１号＝１号（２０００年１月）△－＃
◇例2◇　２６７　＄Ａ　Ｎｏ．１（Ｊａｎ．△１９９０）△－△Ｎｏ．３６（Ｄｅｃ．△１９９２）＃

【解説】

① このフィールドは、逐次刊行資料についてのみ使用をし、逐次刊行資料の資料特性事項である巻次・年月次に関する事項を収める。

② サブフィールドＡには、逐次刊行資料の刊行状態を示す巻次とその年月次を収録する。年月次は、巻次に続けて（　）で括って収録する。

２６８　楽譜の種類に関する事項

サブフィールド識別文字	サブフィールド名	注	ＮＣＲ条項
Ａ	楽譜の種類	対になってリピータブル	1.3 5.3.1
Ｄ	楽譜の種類の並列表示	対になってリピータブル	1.3 5.3.2

◇例１◇　２６８　＄Ａ総譜＄ＤＳｃｏｒｅ＃
◇例２◇　２６８　＄ＡＭｉｎｉａｔｕｒｅ△ｓｃｏｒｅ＃

【解説】

① このフィールドは、楽譜（一枚物）についてのみ使用をし、資料特性事項である楽譜の種類に関する事項を収める。

② サブフィールドAには、楽譜の種類を収録する。楽譜の種類は、音楽作品の楽譜の形式あるいは判型の表示（スコア、パート譜、スコアとパート譜、ミニチュアスコア等）である。

③ サブフィールドDには、楽譜の種類の並列表示を収録する。楽譜の種類の並列表示は、楽譜の種類の表示の別言語あるいは別の文字を収録する。

269　電子資料の特性に関する事項

サブフィールド識別文字	サブフィールド名	注	NCR条項
A	電子的内容	ノン・リピータブル	1.3 9.3.1

◇例1◇　269　＄A　テキスト・データ＃

【解説】

① このフィールドは、電子資料についてのみ使用をし、電子資料の資料特性事項である電子資料の特性に関する事項を収める。

② サブフィールドAには、電子的内容を収録する。電子的内容は、一まとまりのデータや一つの特定の名称で識別されるプログラムを一単位とする。

③ サブフィールドAには、電子的内容を第1レベルもしくは第2レベルで記録する。具体的には以下に表す用語を使用する。

第1レベル	第2レベル
データ　Data	画像データ　Image data
	数値データ　Numeric data
	地図データ　Map data
	テキスト・データ　Text data
	フォント・データ　Font data
	録音データ　Sound data
プログラム　Program	アプリケーション・プログラム　Application program
	システム・プログラム　System program
	ユーティリティ・プログラム　Utility program
データおよびプログラム　Data and program	上記の用語の組み合わせ
	インタラクティブ・マルチメディア　Interactive multimedia
	オンライン・サービス　Online service

２７０　出版・頒布等に関する事項

サブフィールド識別文字	サブフィールド名	注	ＮＣＲ条項
Ａ	出版地、頒布地等	対になってリピータブル	1.4.1
Ｂ	出版者、頒布者等	対になってリピータブル	1.4.2
Ｄ	出版年月・頒布年月等	対になってリピータブル（単行資料においては最初の対においてＡ、Ｂ、Ｄ共に必須）	1.4.3

◇例１◇　２７０　＄Ａ　東京　＄Ｂ　集英社　＄Ｄ　１９９０．１０＃
◇例２◇　２７０　＄Ａ　木島平村（長野県）　＄Ｂ　木島平村　＄Ｄ　１９８０．１～３＃
◇例３◇　２７０　＄Ａ〔東京〕＄Ｂ　講談社　＄Ｄ　１９８４＃
◇例４◇　２７０　＄Ａ〔出版地不明〕＄Ｂ〔出版者不明〕＄Ｄ〔出版年不明〕＃
◇例５◇　２７０　＄Ａ　東京＄Ｂ　柴田書店＄Ｄ　２０００－＃

【解説】

① このフィールドには、出版・頒布等に関する事項を収める。

② 単行資料において複数の対が存在する場合、最初の対においてサブフィールドＡ、Ｂ、Ｄ共に必須とする。

③ サブフィールドＡには、出版地・頒布地等を収録する。出版地が府中市および町村の場合には、都道府県名を丸ガッコに入れて付記する。ただし、以前のデータにはそれ以外の形もある。
　　（例１）＄Ａ　府中（広島県）
　　（例２）＄Ａ　大社町（島根県）
　＜以前の例＞
　　（例３）＄Ａ　兵庫県日高町
　　（例４）＄Ａ　滋賀県東浅井郡速水村

④ サブフィールドＢには、出版者・頒布者等を収録する。発売者等は説明を（　　）

に入れて示すことがある。
　　　　（例1）＄A　東京　＄B　朋文社（印刷）＄D　2000．11

⑤　2番目以降の出版地・出版者、または出版者が別にあるときの発売地・発売者は、対で繰り返し可能。ただし、以前のデータではタグ350（一般注記）に収録している場合がある。
　　　　（例1）＄A　長野　＄B　ほおずき書籍　＄D　1997．3
　　　　　　　　＄A　東京　＄B　星雲社（発売）♯

⑥　サブフィールドDには、出版年月・頒布年月等を西暦年で収録する。出版年月は、『日本目録規則　1987年版改訂版』採用後は当該版初刷の出版年月を、『日本目録規則　1987年版改訂版』採用前は当該版最新版の出版年月を記録している。出版年月以外の表示のみの時は表示されているものを記録している。ただし、元号を用いたり出版月を除いた出版年のみを記録している例もある。なお、逐次刊行資料においては出版年のみを記録している。
　　　　（例1）＄D　1997．6（3刷）　　　　（初刷の出版年が不明）
　　　　（例2）＄D　1962．3（3刷：1995．5）
　　　　　　　　　　　　　　　　　　　　　（記録する出版年と最新の出版年が
　　　　　　　　　　　　　　　　　　　　　　20年以上隔たっている）
　　　　（例3）＄D　c1986　　　　　　　　（著作権表示年）
　　＜以前の例＞
　　　　（例4）＄D　1968△6版
　　　　（例5）＄D　明44．8
　　　　（例6）＄D　昭和20

⑦　単行資料の一括記入や加除式資料では最初の出版年月と最新の出版年月を「－」や「～」で結んでいる。
　　　　（例1）＄D　1997．6－1998．5　　（一括記入）
　　　　（例2）＄D　1997．6－8　　　　　（一括記入）
　　　　（例3）＄D　1978．6～1979．2　　（一括記入）
　　　　（例4）＄D　1998．2－　　　　　　（加除式資料）

275　形態に関する事項

サブフィールド識別文字	サブフィールド名	注	NCR条項
A	特定資料種別と資料の数量	ノン・リピータブル	1.5.1
B	大きさ	ノン・リピータブル	1.5.3
E	付属資料	ノン・リピータブル	1.5.4

◇例1◇　275　$A　351p　$B　22cm＃
◇例2◇　275　$A　CD－ROM1枚　$B　13cm＃
◇例3◇　275　$A　録音カセット2巻＃
◇例4◇　275　$A　2冊　$B　30cm＃
◇例5◇　275　$A　158p　$B　20cm　$E　CD－ROM1枚（12cm）＃
◇例6◇　275　$A　マイクロフィッシュ219枚　$B　105×148mmポジ＃
◇例7◇　275　$B　26cm　$E　地図（58×40cm）＃

【解説】

① このフィールドには、形態に関する事項を収める。当フィールドは単行資料では必須とする。

② サブフィールドAには当該記述対象資料の属する特定資料種別の名称と資料の個数（冊・枚等）を記録する。ただし、印刷資料と点字資料の場合は資料の構成単位の数量（たとえばページ、丁等）を記録する。資料の個数または構成単位の数量は、冊、軸、枚、p、丁、欄、などを用いる。
　　（例1）　$A　CD－ROM1枚
　　（例2）　$A　1軸
　　（例3）　$A　2冊（別冊とも）
　　（例4）　$A　351，6p
　　（例5）　$A　p501－825

③ サブフィールドAに例外的に、挿図、肖像、地図、表等を続けて入力しているものがあるが、これらの情報は、基本的にはタグ350（一般注記）に収録する。

（例１）　＄Ａ　３４６ｐ△図版△表△地図
　　　（例２）　＄Ａ　２４９ｐ（図版△解説共）
　　　（例３）　＄Ａ　２８５ｐ△貼り込み原色図版１００枚

④　サブフィールドＢに記録する大きさの単位はｃｍを用いる。小数点以下は、原則として大きさが１０ｃｍ以下のときのみ記録する。ただし、マイクロ資料等では、ｍｍの単位を用いている場合もある。
　　　（例１）　＄Ｂ　１５×２５ｃｍ
　　　（例２）　＄Ｂ　８．８ｃｍ

⑤　サブフィールドＥには、資料本体と分離する付属資料を記録する。複数種の付属資料があるときは"＋"（プラス）で連結して収録する。ただし、以前のデータではタグ３５０（一般注記）に収録している場合がある。
　　　（例１）　＄Ｅ　録音カセット１巻＋ＣＤ－ＲＯＭ１枚

２８１－２８３　シリーズに関する事項

サブフィールド識別文字	サブフィールド名	注	ＮＣＲ条項
Ａ	本シリーズ名	ノン・リピータブル	1.6.1
Ｂ	シリーズ名関連情報	ノン・リピータブル	1.6.3
Ｄ	シリーズ番号	ノン・リピータブル	1.6.6
Ｆ	シリーズに関する責任表示	リピータブル	1.6.4
Ｓ	下位シリーズ名	ノン・リピータブル	1.6.7
Ｔ	下位シリーズ番号	ノン・リピータブル	1.6.7
Ｘ	シリーズのＩＳＳＮ	ノン・リピータブル	1.6.5

◇例１◇　２８１　＄Ａ　ウィングス・ノベルス　＄Ｓ　翼皇シリーズ　＄Ｔ　２＃

◇例２◇　２８１　＄Ａ　ハヤカワ文庫　＄Ｂ　ＳＦ＃

◇例３◇　２８１　＄Ａ　叢書日本人論　＄Ｄ　１９　＄Ｆ　南博／／監修＃

◇例４◇　２８１　＄Ａ　研究紀要　＄Ｄ　第１４集　＄Ｘ　０９１６－７４１２＃

【解説】

① このフィールドには、シリーズに関する事項を収める。

② ２以上のシリーズに属しているときの２番目以降のシリーズ名とシリーズ番号はタグ２８２、２８３に収録する。ただし、以前のデータでは、２番目以降のシリーズに関する事項をタグ３５０（一般注記）に（　）を付して収録している場合がある。

　　（例１）２８１　＄Ａ　精選作家双書　＄Ｄ　６－１３＃
　　　　　　２８２　＄Ａ　百鳥叢書　＄Ｄ　３＃

③ サブフィールドＢには本シリーズのタイトル関連情報を収録する。以前のデータでは、サブフィールドＡに空白で区切って収録しているものもある。

④ サブフィールドＳには、下位シリーズ名を収録する。下位シリーズが２レベル以上存在する時は、サブフィールドＳに空白で区切って収録する。なお、下位シリーズに関する責任表示は３５０（一般注記）に収録する。

⑤ サブフィールドTには、下位シリーズ番号を収録する。下位シリーズが２レベル以上存在する時は、サブフィールドTに空白で区切って収録する。

⑥ サブフィールドXには、シリーズに対して付与されているＩＳＳＮを記録する。ただし、シリーズに対するＩＳＳＮであってもタグ０１１（国際標準逐次刊行物番号）に収録している場合がある。

291-299
多巻ものの各巻のタイトルと責任表示に関する事項

サブフィールド識別文字	サブフィールド名	注	NCR条項
A	タイトル	ノン・リピータブル	1.1.1
B	タイトル関連情報	ノン・リピータブル	1.1.4
D	巻次・回次・年次等	ノン・リピータブル	1.10.1.1
F	責任表示	リピータブル	1.1.5

◇例1◇　251　＄A 日本わらべ歌全集 ＄D 23△下＃
　　　　291　＄A 大分のわらべ歌 ＄F 加藤正人//著＃

◇例2◇　251　＄A 空中散歩日本の旅 ＄D 10＃
　　　　291　＄A 近畿 ＄D 2△三重・和歌山・大阪・兵庫＃

◇例3◇　251　＄A 教養講座シリーズ ＄D 57 ＄F 国立教育会館//編＃
　　　　291　＄A 伊能忠敬 ＄F 石山洋//〔述〕＃
　　　　292　＄A 頼山陽 ＄F 頼惟勤//〔述〕＃
　　　　293　＄A 河竹黙阿弥 ＄F 諏訪春雄//〔述〕＃

【解説】

① このフィールドには、単行資料の多巻物の各巻タイトルと責任表示に関する事項を収める。

② サブフィールドAには、集合レベルのタイトルをタグ251〜9（タイトルと責任表示に関する事項）に記録した場合に、単行レベルのタイトルを収録する。『日本目録規則　1987年版改訂版』採用以降、単行レベルのタイトルは原則としてタグ251〜9に記録しているが、それ以前から継続しているもの、単行レベルに総合タイトルのないもの、単行レベルに固有でないタイトルを含むものなど、単行レベルをタグ251〜9に記録するのが適当でない場合には、タグ251〜9に集合レベルのタイトル、タグ291〜9には単行レベルのタイトルを記録している。

③ データの内容についてはタグ251〜9（タイトルと責任表示に関する事項）の項を参照のこと。

3－－ 記述ブロック（2）

　このブロックの各フィールドには、『日本目録規則　1987年版改訂版』（ＮＣＲ）の第Ⅰ部「記述」で規定した書誌的事項のうち、「記述総則」では1.7～1.8に当たる部分を収録する。2バイトモード。

```
３５０      一般注記

３５４      原タイトル注記

３６０      装丁と定価に関する注記

３７７      内容に関する注記

３８６      電子的内容に関する注記
                       （電子資料）

３８７      システム要件に関する注記
                       （電子資料）
```

３５０　一般注記

サブフィールド識別文字	サブフィールド名	注	ＮＣＲ条項
Ａ	一般注記	リピータブル	1.7

◇例１◇　３５０　＄Ａ　奥付のタイトル：シャガール展図録＃
◇例２◇　３５０　＄Ａ　肖像あり＃
◇例３◇　３５０　＄Ａ　１巻１号から４巻６号までの出版者：建設広報協議会＃

【解説】

① このフィールドには、一般注記を収める。翻訳書の原タイトル（タグ３５４）、装丁・定価（タグ３６０）、内容に関する注記（タグ３７７）、電子的内容に関する注記（タグ３８６）、システム要件に関する注記（タグ３８７）、先行記入（タグ４３０）、後継記入（タグ４４０）以外の注記事項はすべてこのフィールドに収める。

② 単行資料の以前のデータでは、２以上のシリーズに属しているときの２番目以降の本シリーズ名、シリーズ番号を丸ガッコを付して先頭に収録していることがある。
　　（例１）　３５０　＄Ａ（百鳥叢書△３）＃

③ 逐次刊行資料において、刊行頻度に関する注記はここに記録する。
　　（例１）　３５０　＄Ａ刊行頻度：月刊＃

④ 並列タイトル・原タイトルでない外国語のタイトルおよび情報源によって異なるタイトルのうち、タグ２５１～９（タイトルと責任表示に関する事項）、２８１～３（シリーズに関する事項）、２９１～９（多巻ものの各巻のタイトルと責任表示に関する事項）に記録しなかったタイトルはここに収録する。

⑤ 挿図、肖像、地図等に関する注記は、原則としてタグ２７５（形態に関する事項）ではなく、ここに収録する。タグ２７５の項を参照のこと。

⑥ 資料本体と分離する付属資料については、原則としてタグ２７５（形態に関する事項）に記録するが、ここに収録している場合がある。タグ２７５の項を参照のこと。

⑦　共同の出版者に関する注記はここに収録する。なお、出版者と発売者が別に存在している場合はタグ２７０（出版・頒布等に関する事項）に収録しているが、以前のデータではここに収録している場合がある。タグ２７０の項を参照のこと。

⑧　下位シリーズの責任表示は冒頭に「下位シリーズの責任表示：」を付与してここに収録する。
　　（例１）３５０　＄Ａ　下位シリーズの責任表示：銀林浩//監修

⑨　異なる種別の注記（例えば、タイトルに関する注記と、出版に関する注記）は、サブフィールドＡを繰り返して収録する。ただし、サブフィールドＡを繰り返さず、空白で区切って収録していることもある。
　　（例１）３５０　＄Ａ　背のタイトル：五十年史
　　　　　　　　　＄Ａ　共同刊行：大分県指導漁協連合会♯
　　（例２）３５０　＄Ａ　背の書名：東北地域バイオマス変換計画成果発表会講演要旨集△共同刊行：森林総合研究所東北支部△折り込図１枚♯

３５４　原タイトル注記

サブフィールド識別文字	サブフィールド名	注	NCR条項
A	翻訳資料の原タイトル	リピータブル	1.7.3 2.7.3.1

◇例１◇　354　＄A Woman△in△transition.＃

◇例２◇　354　＄A After△man：a△zoology△of△the△future.＃

◇例３◇　354　＄A General△history△of△Africa.△vol.1＃

◇例４◇　354　＄A Documents△decoratifs.
　　　　　　　　＄A Figures△decoratives.＃

【解説】

①　このフィールドには、原タイトル注記を収める。

②　サブフィールドAには、翻訳資料の原タイトルを収録する。必要に応じて、サブタイトル・巻次・版次等を付記する場合がある。

③　複数の著作の翻訳の場合には、サブフィールドAを繰り返してそれぞれの原タイトルを記録する。また、以前のデータでは、「//の翻訳」という形で記録している場合がある。
　　（例1）＄A Der△Zen-Weg.△4.Aufl.//の翻訳＃

360　装丁と定価に関する注記

サブフィールド識別文字	サブフィールド名	注	NCR条項
A	装丁	ノン・リピータブル	
B	税込価格	ノン・リピータブル	1.8.3
C	本体価格	ノン・リピータブル	1.8.3

◇例1◇　360　＄C　268円＃
◇例2◇　360　＄B　1000円＃
◇例3◇　360　＄A　和装＄C非売品＃
◇例4◇　360　＄C　全10000円＃

【解説】

① このフィールドには、装丁と定価に関する注記を収める。

② サブフィールドAには、「和装」という語のみを収録する。「一部和装本」「ルーズリーフ」「未装丁」「箱入」「帙入」のようなデータはタグ350（一般注記）に収録している。

③ サブフィールドBは、本体価格が不明な場合にのみ使用し、税込価格を記録している。また、消費税導入以前の定価や「非売品」を記録している。

④ サブフィールドCは、本体価格および「非売品」を記録している。

⑤ データ作成時より刊行がかなり古い単行資料には、サブフィールドB、Cを入力していない場合がある。一括記入の場合には、各冊が同価格のとき、異なる価格のとき、セット販売のときなどいろいろな形で記録している。たとえば、3冊以上の一括記入で、各冊の定価が異なる場合は、「ー」や「〜」で連結して記録している場合がある。タグ010（国際標準図書番号）には定価は収録していない。
　（例1）　360　＄B　1000円，1500円＃
　（例2）　360　＄B　1000〜2000円＃
　（例3）　360　＄B　1500−3000円＃

３７７　内容に関する注記

サブフィールド識別文字	サブフィールド名	注	ＮＣＲ条項
Ａ	内容に関する注記	リピータブル	1.7.3 2.7.3.7

◇例１◇　　３７７　＄Ａ　内容：西鶴織留／井原西鶴／／著；北条団水／／編
　　　　　　　　　＄Ａ　西鶴文反古／井原西鶴／／著；北条団水／／編
　　　　　　　　　＄Ａ　解説／堤精二／／著＃

◇例２◇　　３７７　＄Ａ　内容：小説　５：夏期講習．△夏近く．△・・・（中略）・・・
　　　　　　　　　△解題／関井光男／／著＃

【解説】

①　このフィールドには、内容に関する注記を収める。内容に関する注記のうち書誌、年譜、年表等についてはタグ３５０（一般注記）に収録している。ただし、以前のデータではここに収録している場合がある。

②　内容細目の場合には冒頭は「内容：」とし、区切り記号を使用、タイトルごとにサブフィールドＡを繰り返して収録している。ただし、以前のデータでは記録の形式の異なるものがある。
　　（例１）３７７　＄Ａ　内容：日清戦争△藤村道生．△日進戦争後経営△石井寛治著＃

③　多巻ものを一括記入した場合にも、各巻のタイトル等のデータはこのフィールドに収録する。記録の形式は、冒頭に「内容：」を付さない点以外は②と同様である。
　　（例１）２５１　＄Ａ　ロードベルツスの社会主義思想の研究　＄Ｆ　森十三郎／／著＃
　　　　　　２７５　＄Ａ　２冊　＄Ｂ　２２ｃｍ＃
　　　　　　３７７　＄Ａ　第１巻：ロードベルツスの生涯と社会哲学
　　　　　　　　　　＄Ａ　第２巻：正統社会主義の理論＃

３８６　電子的内容に関する注記（電子資料）

ｻﾌﾞﾌｨｰﾙﾄﾞ識別文字	サブフィールド名	注	ＮＣＲ条項
A	電子的内容注記	リピータブル	9.7.3.0

◇例1◇　３８６　＄A HTML形式＃

【解説】
① このフィールドには、電子的内容に関する注記（電子資料）を収める。

３８７　システム要件に関する注記（電子資料）

サブフィールド識別文字	サブフィールド名	注	ＮＣＲ条項
Ａ	システム要件注記	リピータブル	9.7.3.0

◇例１◇　３８７　＄Ａ　Ｍａｃ△ＯＳ漢字トーク７．５以上＃

【解説】
① このフィールドには、システム要件に関する注記（電子資料）を収める。

4－－ 記入リンクブロック

このブロックの各フィールドには、『日本目録規則 1987年版改訂版』（ＮＣＲ）の第Ｉ部第１３章「逐次刊行物」13.7.3.2に当たる部分を収録する。２バイトモード。

```
４３０      先行記入（逐次刊行資料）

４４０      後継記入（逐次刊行資料）
```

430　先行記入 (逐次刊行資料)

サブフィールド識別文字	サブフィールド名	注	NCR条項
1	改題前のタイトル	リピータブル	13.7.3.2

◇例1◇　430　$1　継続前誌：年報／労働省労働基準局編＃
◇例2◇　430　$1「愛知学芸大学研究報告　社会科学」の改題＃

【解説】
① このフィールドには、先行記入（逐次刊行資料）を収める。

② サブフィールド1には、逐次刊行資料のタイトル変遷があった場合の変遷前のタイトルを収録する。導入句として以下の語句を使用する。ただしこの形式によらない場合もある。

・継続前誌　　　・合併前誌　　　・吸収前誌
・分割前誌　　　・派生前誌

440 後継記入 (逐次刊行資料)

サブフィールド識別文字	サブフィールド名	注	NCR条項
1	改題後のタイトル	リピータブル	13.7.3.2

◇例1◇　４４０　＄１　継続後誌：　安全衛生のひろば＃

◇例2◇　４４０　＄１　「愛知県立大学文学部論集　日本文化学科編」と改題＃

【解説】

① このフィールドには、後継記入（逐次刊行資料）を収める。

② サブフィールド1には、逐次刊行資料のタイトル変遷があった場合の変遷後のタイトルを収録する。導入句として以下の語句を使用する。ただしこの形式によらない場合もある。

・継続後誌　　　・合併後誌　　　・吸収後誌
・分割後誌　　　・派生後誌

5－－　アクセス・ポイント・ブロック（タイトル標目）

　このブロックの各フィールドには、『日本目録規則　1987年版改訂版』（NCR）の第Ⅱ部第22章「タイトル標目」に当たる部分を収録する。2バイトモード。

（フィールド識別子）	（フィールド名）	（対応する記述フィールド）
５５１～５５９	タイトル標目	２５１～２５９
５８１～５８３	シリーズのタイトル標目	２８１～２８３
５９０	参照タイトル標目（逐次刊行物資料）	
５９１～５９９	多巻ものの各巻のタイトル標目	２９１～２９９

　各フィールドは、以下の4つのサブフィールドからなる。この4つのサブフィールドは、各標目ごとに対になってリピータブルである。

（サブフィールド識別文字）	（サブフィールド名）
A	カタカナ形
X	ローマ字形
B	漢字形（記述ブロック中の対応するタイトルフィールドの識別子の場合もある）
D	巻次等の読み

551-559 タイトル標目

サブフィールド識別文字	サブフィールド名	注	NCR条項
A	カタカナ形	対になってリピータブル	22
X	ローマ字形	対になってリピータブル	22
B	漢字形	対になってリピータブル	22
D	巻次等の読み	対になってリピータブル	22.3.1

◇例1◇　251　＄A 杖 ＄B 近藤忠よし句集＃
　　　　　551　＄A ツエ ＄X Tue ＄B 251A1
　　　　　　　　＄A コンドウ△タダヨシ△クシュウ
　　　　　　　　＄X Kondou△tadayosi△kusyuu
　　　　　　　　＄B 251B1＃

◇例2◇　251　＄A オセロで学ぶBASIC入門 ＄D 第1巻＃
　　　　　551　＄A オセロ△デ△マナブ△BASIC△ニュウモン
　　　　　　　　＄X Osero△de△manabu△BASIC△nyuumon
　　　　　　　　＄B 251A1 ＄D 1＃

◇例3◇　251　＄A 東京造形大学雑誌. △A, △論文編＃
　　　　　551　＄A トウキョウ△ゾウケイ△ダイガク△ザッシ. △A, △ロンブン△ヘン
　　　　　　　　＄X Toukyou△zoukei△daigaku△zassi. △A, △ronbun△hen
　　　　　　　　＄B 251A1＃

【解説】

① このフィールドには、記述ブロックのタグ251～9（タイトルと責任表示に関する事項）、261（並列タイトル関する事項）に記録されたタイトルに対するタイトル標目（アクセス・ポイント）を収める。ただし、タグ350（一般注記）およびタグ377（内容に関する注記）に記録されている著作のタイトルに対する標目も収録している場合がある。

② タイトルが、タグ251～9（タイトルと責任表示に関する事項）に収録されてい

る場合は、対応する標目は、それぞれタグ５５１～９に収録する。

③　タグ２５１～９（タイトルと責任表示に関する事項）のサブフィールドＢに記録されているタイトル関連情報は、すべて標目としてそれぞれタグ５５１～９に収録する。ただし、以前のデータは標目としていないものが多い。

④　一つのタイトルに対応する読みを複数付与している場合がある。
　　（例１）　２５１　　＄Ａ　はじめてのＷｉｎｄｏｗｓ△９５＃
　　　　　　　５５１　　＄Ａ　ハジメテ△ノ△Ｗｉｎｄｏｗｓ△９５
　　　　　　　　　　　　＄Ｘ　Ｈａｚｉｍｅｔｅ△ｎｏ△Ｗｉｎｄｏｗｓ△９５
　　　　　　　　　　　　＄Ｂ　２５１Ａ１
　　　　　　　　　　　　＄Ａ　ハジメテ△ノ△ウインドウズ△９５
　　　　　　　　　　　　＄Ｘ　Ｈａｚｉｍｅｔｅ△ｎｏ△ｕｉｎｄｏｕｚｕ△９５
　　　　　　　　　　　　＄Ｂ　２５１Ａ１＃

⑤　サブフィールドＡは、対応するタグ２５１～９（タイトルと責任表示に関する事項）、および２６１（並列タイトルに関する事項）に記録されたタイトルに対する標目の読みのカタカナ形を収録する。ただし、タイトルがアルファベット・数字・記号の組合わせのみで構成されている場合は、タイトルをそのまま収録している。表記法については付録Ｂ－１を参照のこと。

⑥　サブフィールドＸは、対応するタグ２５１～９（タイトルと責任表示に関する事項）、および２６１（並列タイトルの関する事項）に記録されたタイトルに対する標目の読みのローマ字形を収録する。ローマ字表記法については訓令式ローマ字を使用している。付録Ｃ－１を参照のこと。タイトル中の英欧文字、記号、アラビア数字等の表記法については付録Ｂ－１を参照のこと。＄Ｘのデータは＄Ａから機械的に変換して作成している。＄Ａにカタカナを含まないデータは、＄Ａをそのままの形で収録している。

⑦　サブフィールドＢには、対応する記述フィールドの識別子、サブフィールド識別文字、数字を組み合わせて記録している。数字は対応する記述フィールド、サブフィールドがリピータブルの場合、何番目のものかを示している。対応するタイトルが２５１＄Ａであれば＄Ｂ２５１Ａ１、２５１＄Ｂであれば＄Ｂ２５１Ｂ１となる。タグ２５１～９（タイトルと責任表示に関する事項）の＄Ａ、＄Ｂはノン・リピータブルなので、組み合わせる数字は必ず「１」であり２以上になることはない。対応するタイトルが２６１＄Ａであれば＄Ｂ２６１Ａ１、＄Ｂ２６１Ａ２…となる。

⑧ タグ２５１のサブフィールドAに対して、複数のタイトル関連情報が存在する場合、タイトル関連情報はサブフィールドBに漢字形を収録する。（逐次刊行資料において、タグ２６１のサブフィールドAに対して、複数の並列タイトル関連情報が存在する場合も同様）

　　（例１）２５１　　＄A 花言葉・花贈り
　　　　　　　　　　　＄B 神話や伝説・四季の彩りを花束に託して△カラー版＃
　　　　　　５５１　　＄A ハナコトバ△ハナオクリ
　　　　　　　　　　　＄X Ｈａｎａｋｏｔｏｂａ△ｈａｎａｏｋｕｒｉ
　　　　　　　　　　　＄B ２５１Ａ１
　　　　　　　　　　　＄A シンワ△ヤ△デンセツ△シキ△ノ△イロドリ△オ△ハナタバ△ニ△タクシテ
　　　　　　　　　　　＄X Ｓｉｎｗａ△ｙａ△ｄｅｎｓｅｔｕ△ｓｉｋｉ△ｎｏ△ｉｒｏｄｏｒｉ△ｏ△ｈａｎａｔａｂａ△ｎｉ△ｔａｋｕｓｉｔｅ
　　　　　　　　　　　＄B 神話や伝説・四季の彩りを花束に託して
　　　　　　　　　　　＄A カラーバン
　　　　　　　　　　　＄X Ｋａｒａｂａｎ
　　　　　　　　　　　＄B カラー版＃

⑨ サブフィールドDにはタグ２５１～９＄Dに対する巻次、回次、年次等の読みを収める。フォーマット改訂後文字数の制限はなくなるが、それまでのデータは４文字までに文字数を制限し、小字・小文字は並字・大文字に変換している。

　　（例）２５１　＄D 資料編△考古△１　　　　５５１　＄D シリョウヘン（コウコ）（１）
　　　　　２５１　＄D 第８巻　　　　　　　　　５５１　＄D ８
　　　　　２５１　＄D 第１３集（１９９７年版）　５５１　＄D １３
　　　　　２５１　＄D 海の巻　　　　　　　　　５５１　＄D ウミノマ

581-583 シリーズのタイトル標目

サブフィールド識別文字	サブフィールド名	注	NCR条項
A	カタカナ形	対になってリピータブル	22
X	ローマ字形	対になってリピータブル	22
B	漢字形	対になってリピータブル	22
D	巻次等の読み	対になってリピータブル	22.3.1

◇例1◇　281　＄A 社会福祉選書 ＄D 5＃
　　　　　581　＄A シャカイ△フクシ△センショ
　　　　　　　　＄X Syakai△hukusi△sensyo
　　　　　　　　＄B 281A1 ＄D 5＃

◇例2◇　281　＄A 精選作家双書 ＄D 6-13＃
　　　　　282　＄A 百鳥選書 ＄D 3＃
　　　　　581　＄A セイセン△サッカ△ソウショ
　　　　　　　　＄X Seisen△sakka△sousyo
　　　　　　　　＄B 281A1 ＄D 6 (13)＃
　　　　　582　＄A モモトリ△センショ
　　　　　　　　＄X Momotori△sensyo
　　　　　　　　＄B 282A1 ＄D 3＃

◇例3◇　281　＄A ハヤカワ文庫 ＄B SF＃
　　　　　581　＄A ハヤカワ△ブンコ
　　　　　　　　＄X Hayakawa△bunko ＄B 281A1
　　　　　　　　＄A SF
　　　　　　　　＄X SF
　　　　　　　　＄B 281B1＃

◇例4◇　281　＄A 国土地理院技術資料＃
　　　　　581　＄A コクド△チリイン△ギジュツ△シリョウ
　　　　　　　　＄X Kokudo△tiriin△gizyutu△siryou
　　　　　　　　＄B 281A1＃

【解説】

① このフィールドには、記述ブロックのタグ２８１～３（シリーズに関する事項）に記録されたシリーズ名に対するシリーズのタイトル標目（アクセス・ポイント）を収める。２以上のシリーズに属しているときの２番目以降のシリーズ名は、タグ５８２～３に収録している。タグ２８１～３の項を参照のこと。

② 各サブフィールドのデータについてはタグ５５１～９（タイトル標目）の説明を参照のこと。

③ 本シリーズ名の他に、シリーズ名関連情報、下位シリーズ名、シリーズ番号があれば読みをすべて収録することを原則としている。ただし、以前のデータでは標目としていない場合が多い。

④ 漢字形の識別子は、対応する記述のフィールド識別子、サブフィールド識別文字と数字を組み合わせたものを収めている。（２８１＄Aに対応するものは、＄B２８１A１、２８１＄Bに対応するものは＄B２８１B１、２８１＄Sに対応するものは＄B２８１S１となる。数字については、タグ５５１～９（タイトル標目）を参照のこと。）

　　（例１）２８１　＄A　＜地域科学＞まちづくり資料シリーズ　＄D　２５
　　　　　　　　　＄S　交通計画集成　＄T　１１＃
　　　　　５８１　＄A　チイキ△カガク△マチズクリ△シリョウ△シリーズ
　　　　　　　　　＄X　Tiiki△kagaku△matizukuri△siryou△sirizu
　　　　　　　　　＄B　２８１A１　＄D　２５
　　　　　　　　　＄A　コウツウ△ケイカク△シュウセイ
　　　　　　　　　＄X　Koutuu△keikaku△syuusei
　　　　　　　　　＄B　２８１S１　＄D　１１＃
　　（例２）２８１　＄A　旅行読売ｍｏｏｋ　＄D　１５４
　　　　　　　　　＄S　旅行読売の情報版△エリアシリーズ　＄T　２△５７＃
　　　　　５８１　＄A　リョコウ△ヨミウリ△ｍｏｏｋ
　　　　　　　　　＄X　Ryokou△yomiuri△mook
　　　　　　　　　＄B　２８１A１　＄D　１５４
　　　　　　　　　＄A　リョコウ△ヨミウリ△ノ△ジョウホウバン
　　　　　　　　　＄X　Ryokou△yomiuri△no△zyouhouban
　　　　　　　　　＄B　旅行読売の情報版　＄D　２（５７）

79

$A エリア△シリーズ
$X Eria△sirizu
$B エリア△シリーズ#

590　参照タイトル標目 (逐次刊行資料)

サブフィールド識別文字	サブフィールド名	注	NCR条項
A	カタカナ形	対になってリピータブル	22
X	ローマ字形	対になってリピータブル	22
B	漢字形	対になってリピータブル	22

◇例1◇　251　$A 別冊笑いの泉♯
　　　　　551　$A ベッサツ△ワライ△ノ△イズミ
　　　　　　　$X Bessatu△warai△no△izumi
　　　　　　　$B 251A1♯
　　　　　590　$A ワライ△ノ△イズミ
　　　　　　　$X Warai△no△izumi
　　　　　　　$B 笑いの泉♯

【解説】

① このフィールドには、逐次刊行資料の参照タイトルに対する標目を収める。

② 参照タイトルとは、本タイトルに対する注記のタイトルであり、タイトル関連情報や並列タイトルとは異なる。なお、注記には存在しないタイトルでも検索の便宜上ここに収める場合がある。

５９１－５９９　多巻ものの各巻のタイトル標目

サブフィールド識別文字	サブフィールド名	注	ＮＣＲ条項
A	カタカナ形	対になってリピータブル	22
X	ローマ字形	対になってリピータブル	22
B	漢字形	対になってリピータブル	22
D	巻次等の読み	対になってリピータブル	22.3.1

◇例１◇　２５１　＄Ａ　近代日本思想集　＄Ｄ　３４＃
　　　　　２９１　＄Ａ　大正思想集　＄Ｄ　２＃
　　　　　５９１　＄Ａ　タイショウ△シソウシュウ
　　　　　　　　　＄Ｘ　Ｔａｉｓｙｏｕ△ｓｉｓｏｕｓｙｕｕ
　　　　　　　　　＄Ｂ　２９１Ａ１　＄Ｄ　２＃

【解説】

① このフィールドには、多巻ものの各巻のタイトル標目を収める。記述ブロックのタグ２９１～９（多巻物の各巻のタイトルと責任表示に関する事項）に記録された単行レベルのタイトルに対するタイトル標目（アクセス・ポイント）を収める。タグ２９１～９の項を参照のこと。

② 各サブフィールドのデータについては、タグ５５１～９（タイトル標目）の説明を参照のこと。

③ 記述ブロックの対応するタイトルが固有なタイトルであればすべて標目として収録し、その時タイトル関連情報が存在すればそれも標目として収録している。ただし、以前のデータでは標目としていない場合がある。

6 －－ アクセス・ポイント・ブロック（件名標目・分類記号）

　このブロックの各フィールドには、『日本目録規則　1987年版改訂版』（NCR）の第Ⅱ部第24章「件名標目」と第25章「分類標目」に当たる部分を収録する。2バイトモード。

```
６５０        個人名件名標目

６５８        一般件名標目

６７７        日本十進分類法（ＮＤＣ）による
             分類記号

６８５        国立国会図書館分類表（ＮＤＬＣ）
             による分類記号
```

　６５０と６５８の件名標目フィールドは、以下の３つのサブフィールドからなる。この３つのサブフィールドは、各標目ごとに対になってリピータブルである。

（サブフィールド識別文字）	（サブフィールド名）
A	カタカナ形
X	ローマ字形
B	漢字形

650　個人名件名標目

サブフィールド識別文字	サブフィールド名	注	NCR条項
A	カタカナ形	対になってリピータブル	24
X	ローマ字形	対になってリピータブル	24
B	漢字形	対になってリピータブル	24

◇例1◇　650　＄A オダ, ノブナガ（１５３４－１５８２）
　　　　　　　＄X Oda, Nobunaga（１５３４－１５８２）
　　　　　　　＄B 織田//信長（１５３４－１５８２）＃

◇例2◇　650　＄A セイ△ショウナゴン
　　　　　　　＄X Sei△syounagon
　　　　　　　＄B 清少納言＃

◇例3◇　650　＄A Plato. ＄X Plato. ＃

◇例4◇　650　＄A Mill, John△Stuart（１８０６－１８７３）
　　　　　　　＄X Mill, John△Stuart（１８０６－１８７３）＃

【解説】

① このフィールドには、個人名件名標目を収録する。

② 姓名形式の人名の場合、サブフィールドAとXでは姓と名の区切りにカンマを、サブフィールドBではダブルスラッシュ(//) を使用する。判明する限り生年および没年を付記する。付記事項は丸ガッコで囲む。

③ 原語形を標目とする外国人名の場合には、サブフィールドBは使用せず、サブフィールドAとXともに原語形を記録する。

④ 漢字形（＄B）の文字列がカタカナ形（＄A）と一致する場合でも、サブフィールドBは省略せず収録している（原語形外国人名の場合を除く）。

⑤ サブフィールドBのデータ中に英欧文字、記号、アラビア数字等が含まれる場合のサブフィールドAの表記法については付録B－1を参照のこと。ルビがある場合は、2番目以降の読みとして対でリピートしている。

658　一般件名標目

サブフィールド識別文字	サブフィールド名	注	NCR条項
A	カタカナ形	対になってリピータブル	24
X	ローマ字形	対になってリピータブル	24
B	漢字形	対になってリピータブル	24

◇例1◇　658　＄A　ハンドウタイ　＄X　Handoutai　＄B　半導体＃
◇例2◇　658　＄A　フカウラマチ（アオモリケン）
　　　　　　　　＄X　Hukauramati（aomoriken）
　　　　　　　　＄B　深浦町（青森県）＃
◇例3◇　658　＄A　フクオカケン//ノウギョウ　＄X　Hukuokaken//Nougyo　＄B　福岡県//農業＃
◇例4◇　658　＄A　トウキョウドウ　＄X　Toukyoudou　＄B　東京堂＃
◇例5◇　658　＄A　ヨコタ（ケ）　＄X　Yokota（ke）　＄B　横田（家）＃

【解説】

① このフィールドには、一般件名標目を収める。一般件名標目には、個人名件名標目を除くすべての件名標目を記録する。普通件名のほかに、地名、団体名、タイトル、家族名等の固有名件名も含まれる。
　　普通件名とは、『国立国会図書館件名標目表』に収録されている件名標目である。

② このフィールドには、複数の読みを付与しているものもある。
　　（例1）＄A　SOD　＄X　SOD　＄B　SOD
　　　　　＄A　エスオーディー　＄X　Esuozi　＄B　SOD＃

③ 漢字形（＄B）の文字列がカタカナ形（＄A）と一致する場合でも、サブフィールドBは収録している。
　　（例1）＄A　デザイン　＄X　Dezain　＄B　デザイン＃

④ 件名細目は同一サブフィールドに収録し、細目の前につけるダッシュはダブルスラッシュ（//）にしてある。
　　（例1）＄A　ニホン//レキシ

$X Nihon//Rekisi $B 日本//歴史#

⑤ 外国人名、外国地名（広範な地域名、国家名を除く）を含む件名標目の場合、サブフィールドX（ローマ字形）では原語形を用いる。

(例1) $A イギリス $X Igirisu $B イギリス#
(例2) $A ロンドン $X London $B ロンドン#

677　日本十進分類法（ＮＤＣ）による分類記号

サブフィールド識別文字	サブフィールド名	注	ＮＣＲ条項
Ａ	分類記号	対になってリピータブル	25
Ｖ	ＮＤＣ版次	対になってリピータブル	25

◇例1◇　６７７　＄Ａ ９３３．７ ＄Ｖ ９♯

【解説】

① このフィールドには、『日本十進分類法』（ＮＤＣ）による分類記号を収録する。

② サブフィールドＡには『日本十進分類法』による分類記号を収録する。

③ サブフィールドＶには『日本十進分類法』の版次を収める。その詳細は以下のとおりであるが、使用しているＮＤＣ版次については、「『ＪＡＰＡＮ／ＭＡＲＣ』の時代別構成と準拠一覧」を参照のこと。ただし、サブフィールドＶが存在しない場合もある。

　　＄Ｖ　９　　　　　新訂９版
　　＄Ｖ　８　　　　　新訂８版
　　＄Ｖ　６　　　　　新訂６版
　　＄Ｖ　６Ｔ　　　　６版大正期・昭和前期版
　　＄Ｖ　６Ｍ　　　　６版明治期版

６８５　国立国会図書館分類表（ＮＤＬＣ）による分類記号

サブフィールド識別文字	サブフィールド名	注	ＮＣＲ条項
Ａ	分類記号または カナ付分類記号	リピータブル	25

◇例１◇　６８５　＄ＡＥＧ５１＃

◇例２◇　６８５　＄ＡＮＤ６４１＄ＡＫＣ７９９＃

◇例３◇　６８５　＄ＡＧＫ３０－アカマツ，エンシン（赤松円心）＃

◇例４◇　６８５　＄ＡＧＫ４１０－Ｃｕｒｉｅ，Ｍａｒｉｅ（Ｓｋｌｏｄｏｗｓｋａ）＃

【解説】

①　このフィールドには、『国立国会図書館分類表』による分類記号を収める。『国立国会図書館分類表』の採用以前（「『ＪＡＰＡＮ／ＭＡＲＣ』の時代別構成と準拠規則一覧」参照のこと）のレコードでは、このフィールドを使用しているものはきわめて少ない。

②　分類重出はサブフィールドＡを繰り返して収録している。

7－－ アクセス・ポイント・ブロック（著者標目）

このブロックの各フィールドには、『日本目録規則 1987年版改訂版』（NCR）の第Ⅱ部第23章「著者標目」に当たる部分を収録する。2バイトモード。

（フィールド識別子）	（フィールド名）	（対応する記述フィールド）
751	著者標目	251～259
781～783	シリーズの著者標目	281～283
791～799	多巻ものの各巻著者標目	291～299

各フィールドは、以下の3つのサブフィールドからなる。この3つのサブフィールドは、各標目ごとに対になってリピータブルである。

（サブフィールド識別文字）	（サブフィールド名）
A	カタカナ形
X	ローマ字形
B	漢字形

751 著者標目

サブフィールド識別文字	サブフィールド名	注	NCR条項
A	カタカナ形	対になってリピータブル	23
X	ローマ字形	対になってリピータブル	23
B	漢字形	対になってリピータブル	23
3	典拠番号	対になってリピータブル	

◇例1◇　251　$A ロシアとソ連邦　$F 外川継男//著#
　　　　751　$A トガワ, ツグオ　$X Togawa, Tuguo　$B 外川//継男　$3 00084422#

◇例2◇　251　$A 姫路考略記　$F 天川友親//編#
　　　　265　$A 改訂/井上重数//改訂#
　　　　751　$A アマカワ, トモチカ　$X Amakawa, Tomotika　$B 天川//友親　$3 00274447
　　　　　　$A イノウエ, シゲカズ　$X Inoue, Sigekazu　$B 井上//重数　$3 00253798#

◇例3◇　251　$A 法学セミナー　$F 日本評論社//〔編〕#
　　　　751　$A ニホン△ヒョウロンシャ　$X Nihon△hyouronsya　$B 日本評論社#

◇例4◇　251　$A とり　$F まつばらいわき//ぶん・え#
　　　　751　$A マツバラ, イワキ　$X Matubara, Iwaki　$B 松原//巌樹　$3 00119618#

【解説】

① このフィールドには、記述ブロックのタグ251〜9（タイトルと責任表示に関する事項）に記録された著作に対する著者標目（アクセス・ポイント）を収録する。責任表示自体が存在しない場合があるが、タグ251〜9、265（版に関する事項）、270（出版・頒布等に関する事項）および350（一般注記）のいずれかのフィールドに著者の記述データが存在する。なお、以前のデータではタグ281（シリーズに関する事項）および377（内容に関する注記）の記述データから著者標目を採用している場合がある。

(例1) 2 5 1 $A 巨樹・巨木林調査報告書#
    2 7 0 $A〔東京〕$B 環境庁 $D 1 9 9 1 #
    7 5 1 $A カンキョウチョウ $X Kankyoutyou $B
        環境庁 $3 0 0 2 5 8 4 0 6 #
(例2) 2 5 1 $A 現代仏事百科 $B 知って役に立つ#
    3 5 0 $A 監修：加賀雄治#
    7 5 1 $A カガ, ユウジ $X Kaga, Yuuzi $B 加賀//
        雄治 $3 0 0 2 1 1 1 3 9 #

② 姓名形式の人名の場合、サブフィールドAとXでは姓と名の区切りにカンマを、サブフィールドBではダブルスラッシュ(//)を使用する。同名異人や同名異団体を識別するための付記事項は、丸ガッコにいれて収める。
  (例1) $A ワタナベ, カズオ（1 9 1 1 －）$X Watanabe, Kaz
      uo（1 9 1 1 －）$B 渡部//一男（1 9 1 1 －）$3 0 0 0
      9 0 7 3 4 #
  (例2) $A イトウ, アキラ（1 9 2 7 －△フランス文学）$X Itou, A
      kira（1 9 2 7 －△フランス文学）$B 伊藤//晃（1 9 2 7
      －△フランス文学）$3 0 0 0 2 2 5 6 7 #
  (例3) $A ニホンシ△ケンキュウカイ（京都大学内）$X Nihonsi△
      kenkyuukai（京都大学内）$B 日本史研究会（京都大
      学内）$3 0 0 7 0 5 3 7 0 #

③ 外国人著者の場合、記述フィールドのデータの如何にかかわりなく、原語形の人名を著者標目とする（中国、韓国・朝鮮人名は除く）。サブフィールドBはなく、サブフィールドAとXともに原語形を収める。
  (例1) 2 5 1 $A 姉妹 $F カール・マーチン//著#
      7 5 1 $A Martin, Karl. $X Martin, Karl.
          $3 0 0 4 4 8 9 9 3 #

④ 漢字で表記された中国、韓国・朝鮮人名は、日本人名と同様で3つのサブフィールドからなる。漢字に母国語読みが併記された形で、記述対象資料の情報源に表示されている朝鮮人名は、漢字の母国語読みを標目とするが、その場合以外は漢字の日本語読みを標目とする。
  (例1) $A キム, タルス $X Kimu, Tarusu $B 金//達寿 $3
        0 0 1 3 5 2 8 0 #
  (例2) $A キン, ショウニチ $X Kin, Syouniti $B 金//正日

　　　　　　＄３　００２７５６２６＃
（例３）＄Ａ　オウ，ケイショウ　＄Ｘ　Ou, Keisyou　＄Ｂ　王／／慶祥
　　　　　　＄３　００３１５４０６＃

⑤　内部組織を含めた名称を団体著者標目とする場合、内部組織までを１団体として標目にしている。

⑥　漢字形（＄Ｂ）の文字列がカタカナ形（＄Ａ）と一致する場合でも、サブフィールドＢは省略せず収録している。

⑦　サブフィールドＢのデータ中に英欧文字、記号、アラビア数字等が含まれる場合のサブフィールドＡの表記法については付録Ｂ－１を参照のこと。ルビがある場合は、２番目以降の読みとして対でリピートしている。
　　（例１）＄Ａ　フジコ，フジオ△Ａ
　　　　　　＄Ｘ　Huziko, Huzio△A
　　　　　　＄Ｂ　藤子／／不二雄Ａ
　　　　　　＄Ａ　フジコ，フジオ△エイ
　　　　　　＄Ｘ　Huziko, Huzio△ei
　　　　　　＄Ｂ　藤子／／不二雄Ａ
　　　　　　＄３　００１７７９１６＃

⑧　単行資料の場合には、サブフィールド３に典拠番号を必ず収録している。この番号は、『ＪＡＰＡＮ／ＭＡＲＣ（Ａ）』におけるレコード識別番号と同一のものである。

７８１－７８３　シリーズの著者標目

サブフィールド識別文字	サブフィールド名	注	ＮＣＲ条項
Ａ	カタカナ形	対になってリピータブル	23
Ｘ	ローマ字形	対になってリピータブル	23
Ｂ	漢字形	対になってリピータブル	23
3	典拠番号	対になってリピータブル	

◇例１◇　　２８１　＄Ａ 叢書日本人論 ＄Ｄ １９ ＄Ｆ 南博//監修＃
　　　　　　７８１　＄Ａ ミナミ，ヒロシ＄Ｘ Minami, Hirosi
　　　　　　　　　　＄Ｂ 南//博 ＄３ 00043507＃

【解説】

① このフィールドには、記述ブロックのタグ２８１～３（シリーズに関する事項）のサブフィールドＦに記録された責任表示、および３５０（一般注記）に記録された下位シリーズに関する責任表示に対応する著者標目（アクセス・ポイント）を収める。

② 各サブフィールドのデータについては、タグ７５１（著者標目）の説明を参照のこと。

７９１－７９９　多巻ものの各巻の著者標目

サブフィールド識別文字	サブフィールド名	注	NCR条項
A	カタカナ形	対になってリピータブル	23
X	ローマ字形	対になってリピータブル	23
B	漢字形	対になってリピータブル	23
3	典拠番号	対になってリピータブル	

◇例１◇　２５１　＄Ａ　日本わらべ歌全集　＄Ｄ　２３△下＃
　　　　　２９１　＄Ａ　大分のわらべ歌　＄Ｆ　加藤正人//著＃
　　　　　７９１　＄Ａ　カトウ，マサト　＄Ｘ　Katou, Masato　＄Ｂ　加藤//正人　＄３　00027877＃

◇例２◇　２５１　＄Ａ　教養講座シリーズ　＄Ｄ　57　＄Ｆ　国立教育会館//編＃
　　　　　２９１　＄Ａ　伊能忠敬　＄Ｆ　石山洋//〔述〕＃
　　　　　２９２　＄Ａ　頼山陽　＄Ｆ　頼惟勤//〔述〕＃
　　　　　２９３　＄Ａ　河竹黙阿弥　＄Ｆ　諏訪春雄//〔述〕＃
　　　　　７９１　＄Ａ　イシヤマ，ヒロシ　＄Ｘ　Isiyama, Hirosi　＄Ｂ　石山//洋　＄３　00162598＃
　　　　　７９２　＄Ａ　ライ，ツトム　＄Ｘ　Rai, Tutomu　＄Ｂ　頼//惟勤　＄３　00064372＃
　　　　　７９３　＄Ａ　スワ，ハルオ　＄Ｘ　Suwa, Haruo　＄Ｂ　諏訪//春雄　＄３　00075096＃

【解説】

① このフィールドには、記述ブロックのタグ２９１～９（多巻物の各巻のタイトルと責任表示に関する事項）のサブフィールドＦに記録された責任表示に対応する著者標目（アクセス・ポイント）を収める。

② 各サブフィールドのデータについては、タグ７５１（著者標目）の説明を参照のこと。

8-- 国際的使用ブロック

　このブロックにはレコード作成機関および電子資料アクセス情報を収める。８０１は１バイト・モード。８５６は２バイト・モード。

　８０１　　レコード作成機関

　８５６　　電子資料アクセス情報

---

801 レコード作成機関 (必須)

サブフィールド識別文字	サブフィールド名	注
A	国名コード	ノン・リピータブル
B	レコード作成機関名	ノン・リピータブル
C	レコード提供年月日	ノン・リピータブル
G	目録規則	ノン・リピータブル
2	システムコード	ノン・リピータブル

◇例1◇　801　$A JP
　　　　　　　$B National△Diet△Library, JAPAN
　　　　　　　$C 20010514
　　　　　　　$G NCRT
　　　　　　　$2 jpnmarc#

【解説】

① このフィールドには、レコード作成機関に関する事項を収める。データは1バイトモード。

② サブフィールドAに収録する「JP」は、ISO 3166-1およびJIS X 304による日本の国名2字コードである。

③ サブフィールドBには、レコード作成機関名として「National△Diet△Library, JAPAN」を収録する。

④ サブフィールドCに収録するレコード提供年月日は、『JAPAN/MARC』を提供した日付を8桁で収録する。

⑤ サブフィールドGには、JAPAN/MARCレコードが採用している目録規則を略号で収録する。略号の「NCRT」は『日本目録規則』を、「NDL-CRS」は『国立国会図書館逐次刊行物目録規則』を意味する。

⑥ サブフィールド2には、『JAPAN/MARC』であることを示す「jpnmarc」を収録する。

856 電子資料アクセス情報

サブフィールド識別文字	サブフィールド名	注	NCR条項
1	アクセス方法	対になってリピータブル	9.7.3
Q	電子的形式種別	対になってリピータブル	
U	URL	対になってリピータブル	9.7.3

◇例1◇　856　$1 HTTP
　　　　　　　　$Q text/html
　　　　　　　　$U http://www.ndl.go.jp#

【解説】
① このフィールドには、ネットワーク系電子資料にアクセスするための情報に関する事項を収める。

② サブフィールド1のアクセス方法には、以下のようなデータを収録する。
　　・HTTP　　　　　・FTP

③ サブフィールドQには、「Dublin Core Metadata Element Set」に準拠する「国立国会図書館メタデータ記述規則」における要素「フォーマット」の限定子「IMT」（Internet Media Type）に対応する情報を収める。

④ サブフィールドUには、ネットワーク系電子資料のURLを収める。

9－－　国内的使用ブロック

このブロックには国立国会図書館の請求記号、大学コード、官庁コードを収める。2バイト・モード。

```
９０５　国立国会図書館の請求記号

９１０　大学コード

９１５　官庁コード
```

905　国立国会図書館の請求記号

サブフィールド識別文字	サブフィールド名	注
A	請求記号	ノン・リピータブル
D	所蔵巻次・年月次	対になってリピータブル 逐次刊行資料でのみ使用
E	所蔵注記（1）	対になってリピータブル 逐次刊行資料でのみ使用
F	休廃刊	リピータブル 逐次刊行資料でのみ使用
H	所蔵注記（2）	ノン・リピータブル 逐次刊行資料でのみ以前に使用

◇例1◇　905　＄A DT651-E6＃

◇例2◇　905　＄A 025.22-Ta165t＃

◇例3◇　905　＄A 388.1-I89ウ＃

◇例4◇　905　＄A YDM108855＃

◇例5◇　905　＄A 752-350＃

◇例6◇　905　＄A　Z43-2622
　　　　　　　＄D　平成3年版△-
　　　　　　　＄E　欠：平成9年版△所蔵巻号以前は図書扱い＃

◇例7◇　905　＄A Z11-1867
　　　　　　　＄D　2号（昭和60年）△-△10号（1999）
　　　　　　　＄F　以後廃刊＃

【解説】

① このフィールドには、国立国会図書館の請求記号等の所蔵に関する情報を収録している。

② サブフィールドAには国立国会図書館の請求記号を収録する。国立国会図書館の請求記号には『国立国会図書館分類表』によるもののほかに『日本十進分類法　新訂6版』、『国立国会図書館和漢書図書記号法』によるものもある。

請求記号には、アルファベット、数字、カタカナ、漢字、およびピリオド、ハイフン、（ ）などが使用されている。

③ サブフィールドDには、逐次刊行資料の所蔵巻次・年月次を収録している。

④ サブフィールドEには、逐次刊行資料の欠号情報などの所蔵に関する注記を記録している。

⑤ サブフィールドFには、逐次刊行資料の休廃刊に関する注記を記録している。

⑥ サブフィールドHは、年鑑、年報およびこれに準ずる逐次刊行資料のうち、1985年まで単行資料扱いとしていたものについての注記を収録していた。2003年7月から本サブフィールドは使用しない。

100

910 大学コード（逐次刊行資料）

サブフィールド識別文字	サブフィールド名	注
A	大学名のカタカナ形	対になってリピータブル
X	大学名のローマ字形	対になってリピータブル
B	大学名の漢字形	対になってリピータブル
3	大学コード	対になってリピータブル

◇例1◇　910　$A　トウキョウ△ダイガク
　　　　　　　　$X　Toukyou△daigaku
　　　　　　　　$B　東京大学
　　　　　　　　$3　0021#

【解説】

① このフィールドには、出版者等記述ブロックに記録された大学のコードおよび名称を収める。

② サブフィールド3には、ＪＩＳ Ｘ ０４０８による大学・高等専門学校のコードを収録する。

③ サブフィールドＡ、Ｘ、Ｂには、サブフィールド3に対応する大学名称のそれぞれカタカナ形、ローマ字形、漢字形を収録する。大学名称は、ＪＩＳ Ｘ ０４０８（大学・高等専門学校コード）による。

９１５　官庁コード

サブフィールド識別文字	サブフィールド名	注
Ａ	旧官庁コード	リピータブル
Ｃ	新官庁コード	リピータブル
Ｄ	都道府県コード	リピータブル

◇例１◇　９１５　＄ＡＡ３０＃

【解説】

①　このフィールドには、官公庁および都道府県コードを収める。

②　サブフィールドＡに収録する旧官庁コードは、当館の定めるところによる３桁のコードである。旧官庁コードは２００１年の省庁再編以前の官公庁に対応している。付録Ｄ－３を参照のこと。

③　サブフィールドＣに収録する新官庁コードは、当館の定めるところによる３桁のコードである。新官庁コードとは２００１年の省庁再編以後の官公庁に対応している。付録Ｄ－２を参照のこと。

④　サブフィールドＤに収録する都道府県コードは、ＪＩＳ　Ｘ　０４０１（都道府県コード）を元にして、当館の定めるところによる地方自治体を対象とした３桁のコードである。付録Ｄ－１を参照のこと。

１５． 旧フォーマットで使用していたフィールド・サブフィールド

　ＪＡＰＡＮ／ＭＡＲＣの今回改訂以前の旧フォーマットについては、以下のマニュアルを参照されたい。

単行資料（Monographs）
・1998年－2002年3月までのフォーマット
　　ＪＡＰＡＮ／ＭＡＲＣマニュアル　図書編　第2版　国立国会図書館　1998
・1997年までのフォーマット
　　ＪＡＰＡＮ／ＭＡＲＣマニュアル　図書編　第1版　国立国会図書館　1992

逐次刊行資料（Serials）
　　ＪＡＰＡＮ／ＭＡＲＣマニュアル　逐次刊行物編　第1版　国立国会図書館　1988

　以下フォーマット改訂前の旧フォーマットに存在したが改訂後には存在しないフィールド（削除フィールド）、改訂により新設したフィールド（新設フィールド）及びサブフィールドの変更事項を列挙する。

単行資料（Monographs）
　削除フィールド
　①タグ２８０「叢書名に関する事項」
　②タグ５８０「叢書名標目」
　③タグ７５２－７５９「著者標目」（タグ７５１に一本化）

　新設フィールド
　①タグ０１１「国際標準逐次刊行物番号」
　②タグ１０２「出版国または製作した国」
　③タグ２６６「地図の数値データに関する事項」
　④タグ２６８「楽譜の種類に関する事項」
　⑤タグ２６９「電子資料の特性に関する事項」
　⑥タグ８０１「レコード作成機関」
　⑦タグ８５６「電子資料のアクセス情報」
　⑧タグ９１０「大学コード」
　⑨タグ９１５「官庁コード」

サブフィールドの変更
①タグ１００「一般的処理データ」１４～１７桁目を「刊行年（２）」として使用
②タグ２７０「出版・頒布等に関する事項」
　　＄Ａ－＄Ｂ－＄Ｄを対になってリピータブルに変更。
③タグ７５１、７８１～７８３、７９１～７９９「著者標目」
　　サブフィールド＄３「典拠番号」を新設。

逐次刊行資料（Serials）

削除フィールド
①タグ０２２「官公庁刊行物番号」
②タグ２８０「叢書名に関する事項」
③タグ５６１「他言語標題の読み」
④タグ５８０「叢書名標目」
⑤タグ６９９「大学名」
⑥タグ７６１「編者の読み」

新設フィールド
①タグ０１０「国際標準図書番号」
②タグ２６９「電子資料の特性に関する事項」
③タグ２８１～２８３「シリーズに関する事項」
④タグ３８６「電子的内容に関する注記（電子資料）」
⑤タグ３８７「システム要件に関する注記（電子資料）」
⑥タグ５８１～５８３「シリーズのタイトル標目」
⑦タグ７５１「著者標目」
⑧タグ７８１～７８３「シリーズの著者標目」
⑨タグ８５６「電子資料のアクセス情報」
⑩タグ９１０「大学コード」
⑪タグ９１５「官庁コード」

サブフィールドの変更
①タグ１００「一般的処理データ」１４～１７桁目を「刊行年（２）」として使用
②タグ１０２「出版国または製作した国」
　　＄Ａ「出版国コード」をノン・リピータブルからリピータブルに変更。

③タグ２５１「本タイトル」
　　＄Ｂ「タイトル関連情報」について、リピータブルからノン・リピータブルに変更。
④タグ２６１「並列タイトルに関する事項」
　　＄Ｂ「並列タイトル関連情報」について、リピータブルからノン・リピータブルに変更。
⑤タグ２７０「出版・頒布等に関する事項」
　　＄Ａ－＄Ｂ－＄Ｄを対になってリピータブルに変更。＄Ｅ「頒布地」、＄Ｆ「頒布者」を廃止。
⑥タグ２７５「形態に関する事項」
　　＄Ｄ「特定資料種別」を廃止。
⑦タグ８０１「レコード作成機関」
　　＄２「システムコード」を追加。
⑧タグ９０５「国立国会図書館の請求記号」
　　＄Ｆ「休廃刊」について、対になってリピータブルから単独でのリピータブルに変更。

付録A-1

書誌データに使用する文字種取り扱い基準

(2002年4月以降に適用)

1．JISコード

　1978年に制定された「JIS C 6226-1978」は1983年、1990年、1997年に改訂され、現在は、「JIS X 0208-1997」となっている。『JAPAN／MARC』では、これまで「JIS C 6226-1978」を採用してきたが、単行資料では2002年4月より、逐次刊行資料では2003年7月から、「JIS X 0208-1990」を採用する。

2．JISコードを持つ文字

　JISコードの第一水準、第二水準の文字は、目録規則の転記の原則に従う部分についてはすべて使用する。ただし、注記などの転記の原則が適用されない部分については、字体は置き換えることがある。

3．JISコードを持たない漢字

　JISコードの第二水準内にない文字は、可能な限り、意味上・字形上関連するJISコードを持つ文字に置き換える。漢字以外の文字については4．の規程に従って置き換える。置き換えられる文字が存在しない場合については、カナ読み、追加文字使用のどれかを3-1．3-2．に従って処理する。

　なお、3-1．3-2．の場合分けに使用されている「固有名のアクセス・ポイント」とは、著者標目すべてと、件名標目の内の人名件名標目・団体名件名標目・地名件名標目・家族名件名標目・統一タイトル件名標目等の普通件名以外の固有名件名標目を意味する。

3-1．カナ読み

　当該文字にカナ読みを施し、その読みを〔　〕で囲んで記録する。カナ読みは、当該文字に対して関連するJISコードを持つ文字が存在しない場合に行う。2字以上の文字の音節が重なり、別個の音節を形成する連声や、熟語訓のように1字だけカナ読みすると意味が不明瞭になる場合には、熟語単位でカナ読みを行う。

　カナ読みは、固有名のアクセス・ポイント漢字データ部分以外のすべての漢字データ部分について適用される。追加文字コードをすでに持っている漢字についても、固有名のアクセス・ポイント漢字データ部分でなければ、原則として追加文字は使用しない。ただし、以前のデータでは例外として、追加文字を使用する漢字と同一の漢字が同一レコード内に存在する場合は、追加文字で統一することがある。

　＊アクセス・ポイント漢字データ部分として追加文字を使用していた本タイトルについてもカナ読みを行う。

3-2．追加文字

　追加文字コードを新たに指定するか、すでに指定されている追加文字コードを使用する。追加文字使用は、カナ読みと同様、当該文字に対して関連するJISコードを持つ文字が存在しない場合に行う。

追加文字使用は、固有名のアクセス・ポイント漢字データ部分について行う。
＊タイトル標目と普通件名標目は、固有名のアクセス・ポイントではないので、タイトルと普通件名標目では、追加文字コードは使用しない。

4．漢字以外の文字（漢字モード文字）
4－1．〇や□で囲む合成文字
　〇や□で囲む合成文字は、〇や□の中の文字を（　）、「　」で囲んだ形に置き換える。

4－2．4－1以外の合成文字・デザイン文字・記号
　〇字・□字以外の合成文字、デザイン文字、記号（ＪＩＳコードを持たないもの）については、省略しても意味上の理解が可能な装飾的な文字の場合は省略する。別の文字に置き換えても意味上の理解が可能な範囲内である場合には、できるだけ別の文字に置き換える。別の文字ではどうしても意味上の理解が不可能な場合に限り、追加文字を使用するが、できるだけ新たな追加文字コードの指定は抑える。

4－3．ローマ数字
　ローマ数字は原則として使用せず、アラビア数字に置き換える。

4－4．アルファベット
　ＪＩＳコードを持つローマン・アルファベットはそのまま使用する。ＪＩＳコードを持つギリシャ文字・キリル文字はそのまま使用する。
　ＪＩＳコードを持たない記号（アクサンやウムラウト）付きのアルファベットはすでに追加文字が存在する場合はそれを使用する。読みのフィールドでは記号の付かないアルファベットを使用する。（付録Ｂ－1「アクセス・ポイントのカナ形サブフィールドにおけるカナ表記要領」を参照のこと。）

4－5．中国簡化文字
　中国簡化文字は簡化文字表により対応する漢字に置き換える。対応する漢字が旧字体や通用字形の異体字であってもＪＩＳコードの範囲内であればそのまま使用する。

4－6．ハングル文字
　ハングル文字については、現行のところ追加文字コードは指定しない。目録対象資料の情報源（本文を含む）の中のハングル文字によらずに表記されている文字を使用するかカナ読みを行う。

5．漢字の字形や意味の判断
　漢字の字形や意味の判断は、以下の漢和辞典に即して行う。
　　（1）大漢和辞典　　諸橋轍次著　　修訂第2版　大修館書店
　　（2）新字源　　　　小川環樹〔ほか〕編　　　角川書店

6．当基準の適用範囲と基準の変更に伴う訂正
6－1．2002年3月までの記述部分のデータ
　訂正しない。

6－2．2002年3月までの標目部分のデータ
　字体の統一を行っていたものについては訂正しない。ただし、同一の標目が資料の情報源に違う字体で表示されている場合については、典拠データにその字体を参照形として追加する。
　ローマ数字・アルファベットについては準備が整った段階で書誌データ・典拠データともに当基準にあわせて訂正する。

6－3．2002年4月以降の記述部分のデータ
　当基準で記録する。

6－4．2002年4月以降の標目部分のデータ
　既出の標目は、当基準に従っていないものも、原則としてそのままの形で記録する。新規の標目は当基準で記録する。

付録A－2

和図書データに使用する文字種取り扱い基準

(1998年1月から2002年3月まで適用)

1．ＪＩＳコード

　1978年に制定された「ＪＩＳ　Ｃ　6226－1978」は1983年、1990年、1997年に改訂され、現在は、「ＪＩＳ　Ｘ　0208－1997」となっている。『ＪＡＰＡＮ／ＭＡＲＣ（Ｍ）』では、これらの改訂版は採用せず、ＪＩＳコードは「ＪＩＳ　Ｃ　6226－1978」を採用する。

2．ＪＩＳコードを持つ文字

　ＪＩＳコードの第一水準、第二水準の文字は、目録規則の転記の原則に従う部分についてはすべて使用する。ただし、注記などの転記の原則が適用されない部分については、字体は置き換えることがある。

3．ＪＩＳコードを持たない文字

　ＪＩＳコードの第二水準内にない文字は、可能な限り、意味上・字形上関連するＪＩＳコードを持つ文字に置き換える。漢字以外の文字については4．の規程に従って置き換える。置き換えられる文字が存在しない場合については、カナ読み、追加文字使用のどれかを3－1．3－2．に従って処理する。

　なお、3－1．3－2．の場合分けに使用されている「固有名のアクセス・ポイント」とは、著者標目すべてと、件名標目の内の人名件名標目・団体名件名標目・地名件名標目・家族名件名標目・統一タイトル件名標目等の普通件名以外の固有名件名標目を意味する。

3－1．カナ読み

　当該文字にカナ読みを施し、その読みを〔　〕で囲んで記録する。カナ読みは、当該文字に対して関連するＪＩＳコードを持つ文字が存在しない場合に行う。2字以上の文字の音節が重なり、別個の音節を形成する連声や、熟語訓のように1字だけカナ読みすると意味が不明瞭になる場合には、熟語単位でカナ読みを行う。

　カナ読みは、固有名のアクセス・ポイント漢字データ部分以外のすべての漢字データ部分について適用される。追加文字コードをすでに持っている漢字についても、固有名のアクセス・ポイント漢字データ部分でなければ、原則として追加文字は使用しない。ただし、例外として、追加文字を使用する漢字と同一の漢字が同一レコード内に存在する場合は、追加文字で統一することがある。

　＊従来はアクセス・ポイント漢字データ部分として追加文字を使用していた本タイトルについてもカナ読みを行うことになる。

3－2．追加文字

　追加文字コードを新たに指定するか、すでに指定されている追加文字コードを使用する。追加文字使用は、カナ読みと同様、当該文字に対して関連するＪＩＳコードを持つ文字が存在しない場合に行う。

追加文字使用は、固有名のアクセス・ポイント漢字データ部分について行う。

＊タイトル標目と普通件名標目は、固有名のアクセス・ポイントではないので、タイトルと普通件名標目では、追加文字コードは使用しない。

4．漢字以外の文字（漢字モード文字）

4－1．○や□で囲む合成文字

○や□で囲む合成文字は、○や□の中の文字を（　）、「　」で囲んだ形に置き換える。固有名のアクセス・ポイントに発生したもので以下に挙げるものについては例外的にすでに存在する追加文字を使用する。

　　　　　　　㊙　㊜　㋕　㋼　①～⑩　Ⓐ～Ⓩ

4－2．4－1以外の合成文字・デザイン文字・記号

○字・□字以外の合成文字、デザイン文字、記号（ＪＩＳコードを持たないもの）については、省略しても意味上の理解が可能な装飾的な文字の場合は省略する。別の文字に置き換えても意味上の理解が可能な範囲内である場合には、できるだけ別の文字に置き換える。別の文字ではどうしても意味上の理解が不可能な場合に限り、追加文字を使用するが、できるだけ新たな追加文字コードの指定は抑える。

4－3．ローマ数字

ローマ数字は原則として使用せず、アラビア数字に置き換える。

4－4．アルファベット

ＪＩＳコードを持つローマン・アルファベットはそのまま使用する。ＪＩＳコードを持つギリシャ文字・キリル文字はそのまま使用する。

ＪＩＳコードを持たない記号（アクサンやウムラウト）付きのアルファベットは記号の付かないアルファベットに置き換える。ただし『日本全国書誌』では記号付きのまま使用する。Æ、Þ、ð等の置き換えられないアルファベットは追加文字を使用する。

4－5．中国簡化文字

中国簡化文字は簡化文字表により対応する漢字に置き換える。対応する漢字が旧字体や通用字形の異体字であってもＪＩＳコードの範囲内であればそのまま使用する。

4－6．ハングル文字

ハングル文字については、現行のところ追加文字コードは指定しない。目録対象資料の情報源（本文を含む）の中のハングル文字によらずに表記されている文字を使用するかカナ読みを行う。

５．漢字の字形や意味の判断

　漢字の字形や意味の判断は、以下の漢和辞典に即して行う。

　　（１）大漢和辞典　　諸橋轍次著　　　　　大修館書店
　　（２）新字源　　　　小川環樹〔ほか〕編　　角川書店

６．当基準の適用範囲と基準の変更に伴う訂正

６－１．平成９年５０号（ＪＰ９７）までの記述部分のデータ

　訂正しない。

６－２．平成９年５０号（ＪＰ９７）までの標目部分のデータ

　字体の統一を行っていたものについては訂正しない。ただし、同一の標目が資料の情報源に違う字体で表示されている場合については、典拠データにその字体を参照形として追加する。

　ローマ数字・アルファベットについては準備が整った段階で書誌データ・典拠データともに当基準にあわせて訂正する。

６－３．平成１０年１号（ＪＰ９８）以降の記述部分のデータ

　当基準で記録する。

６－４．平成１０年１号（ＪＰ９８）以降の標目部分のデータ

　既出の標目は、当基準に従っていないものも、原則としてそのままの形で記録する。新規の標目は当基準で記録する。

付録A－3

漢字等の字種採用の基準

（1997年12月以前に適用）

1．ＪＩＳコードを持つ漢字は、原則として目録対象資料の主要な情報源に使用されている字体を使用するが、以下のものは別の字体に置き換える。（カッコ内はＪＩＳコード番号を示す。）

① 常用漢字表および人名漢字表に含まれる漢字については、旧字体を新字体の漢字に置き換える。

（例）

	使用する文字		使用しない文字	
	亜（3021）	←	亞（5033）	
	医（3065）	←	醫（6E50）	
	円（315F）	←	圓（5424）	
	学（3358）	←	學（555C）	
	図（3F5E）	←	圖（5426）	など

② 以下の俗字等の漢字は、辞書の見出し字に多く採用されている通用字形に置き換える。

	使用する文字		使用しない文字	
	館（345B）	←	舘（345C）	
	京（357E）	←	亰（5037）	
	恵（3743）	←	惠（582A）	
	剣（3775）	←	劒（5179）	
	準（3D60）	←	凖（5245）	
	専（406C）	←	專（5573）	
	函（4821）	←	凾（5162）	
	富（4959）	←	冨（495A）	
	淵（4A25）	←	渕（5E3C）	
	略（4E2C）	←	畧（6140）	
	涼（4E43）	←	凉（515A）	
	籠（4F36）	←	篭（6446）	
	桧（5B58）	←	檜（4930）	（俗字を使用）
別体字等	頚（375B）	←	頸（7074）	
	菅（3E28）	←	菅（6133）	
	鼠（414D）	←	鼡（736B）	
	壷（5464）	←	壺（445B）	（別体字を使用）

　　　　　蠅（4768）　　←　　蝿（6A24）
　　　　　辺（4A55）　　←　　邉（6E35）
　　　　　褒（4B2B）　　←　　襃（6A71）
　　　　　翻（4B5D）　　←　　飜（664C）

2．JISコードを持たない文字については、3．4．の規定により以下の処理を行う。
　①　JISコードを持つ文字に置き換える。
　②　当該文字にカナ読みを施し、その読みを記録する。カナ読みは、当該文字に対して関連するJISコードを持つ文字が存在しない場合に行う。2字以上の文字の音節が重なり、別個の音節を形成する連声や、熟語訓のように1字だけカナ読みすると意味が不明瞭になる場合には、熟語単位でカナ読みを行う。
　③　追加文字コードを新たに指定するか、すでに指定されている追加文字コードを使用する。

3．JISコードを持たない漢字のうち、以下の場合にはJISコードを持つ漢字に置き換える。
　①　JISコードを持たない漢字とJISコードを持つ漢字とが、同一漢字であることが容易に判断できる範囲で微細に字形が異なる場合。
　②　JISコードを持たない漢字が、JISコードを持つ漢字の誤字や略字である場合。
　③　JISコードを持たない漢字が、目録対象資料の主要情報語源には表記されているが、本文中等の別の情報源には同じ意味で別のJISコードを持つ漢字が使用されている場合。

4．上記3．以外の場合のJISコードを持たない漢字については、発生する箇所が本書名・アクセス・ポイント漢字データ部分である場合と、それ以外のデータ部分である場合とに分けて取り扱う。

4－1．本書名・アクセス・ポイント漢字データ部分以外で発生するJISコードを持たない漢字については、原則として外字作成を行わず、JISコードを持つ漢字に置き換えるか、カナ読みを行う。カナ読みを行った箇所については、当該箇所を角がっこで囲む。追加文字コードをすでに持っている漢字についても、本書名・アクセス・ポイント漢字データ部分以外については、原則として追加文字コードは使用しない。ただし例外として、追加文字コードを使用する漢字と同一の漢字が同一レコード内に存在する場合は、追加文字コードで統一する。

4－2．本書名・アクセス・ポイント漢字データ部分で発生するJISコードを持たない漢字については原則としてJISコードを持つ漢字に置き換えるか、追加文字コードを使用する。

4−2−1．ＪＩＳコードを持つ漢字への置き換えは、当該漢字がＪＩＳコードを持つ漢字の異体字
　　　　（本字、古字、別体字、俗字、誤字等）である場合に行う。

4−2−2．以下の場合には、追加文字コードを使用する。
　① ＪＩＳコードを持つ通用字形と異体字との字形が著しく異なり、異体字への置き換えによって、
　　同一人物であることが判別しがたくなるような人名の場合。
　② すでに追加文字コードが指定されている場合。

4−2−3．新たに追加文字コードを指定する条件は以下の通りである。
　① 辞書に存在しない漢字は、原則として外字を作成しない。可能な限り、意味上・字形上関連する
　　漢字に置き換える。
　② 辞書に存在する漢字であっても、意味上・字形上関連する漢字はＪＩＳコードもしくは追加文字
　　コードを持つ漢字に置き換える。意味上・字形上関連する漢字がＪＩＳコードおよび追加文字コー
　　ドの両者に存在する場合には、ＪＩＳコードを持つ漢字を優先する。
　③ 辞書に存在する漢字で、ＪＩＳコードも追加文字コードも持たず、かつコードを持つ漢字の異体
　　字でなく、意味上・字形上関連する漢字を持たない場合には、新たに追加文字コードを指定する。
　④ 指定する追加文字が辞書の見出し字である通用字形の場合にはその漢字を、通用字形の異体字で
　　ある場合にはできるだけ通用字形に置き換えて指定する。

5．漢字以外の文字（漢字モード文字）は以下のように取り扱う。
　① 本書名および団体著者名等に発生する○で囲む合成文字は、マルと読む場合には追加文字を使用
　　する。マルと読まない場合および本書名・アクセス・ポイント漢字データ部分以外で発生する場合
　　は、追加文字を使用せず当該文字を丸ガッコで囲む。
　② ○字以外の合成文字、デザイン文字等については、別の文字に置き換えても意味上の理解が可能
　　な範囲内である場合には、できるだけ別の文字に置き換える。別の文字ではどうしても意味上の表
　　現が不可能な場合に限り、追加文字コードを指定する。
　③ 中国簡化文字は簡化文字表により対応する漢字に置き換える。対応する漢字が通用字形の異体字
　　である場合には、通用字形を使用する。
　④ ハングル文字については、現行のところ追加文字コードは指定しない。目録対象資料の情報源
　　（本文を含む）の中のハングル文字によらずに表記されている文字を使用するかカナ読みを行う。

6．異体字等の漢字の字形や意味の判断は、以下の漢和辞典に即して行う。
　① 大漢和辞典　諸橋轍次著　大修館書店
　② 新字源　小川環樹〔ほか〕編　角川書店

付録B－1
アクセス・ポイントのカナ形サブフィールドにおけるカナ表記要領
(2002年4月以降に適用)

標目ブロックにおけるカナ形サブフィールド（＄A）の表記は、以下の通りとする。

１．和語、漢語
標目の漢字形が和語、漢語（漢字を使用する日本、中国、朝鮮の人名、団体名、地名を含む）で表示されているときは、その発音に従い、第１表および第２表によって表記する。以下に主要な留意点を例示する。

ア）旧かなづかい

旧かなづかいはその現代語音によって表記する。

てふてふ	チョウチョウ
どぜう	ドジョウ
としゑ	トシエ

イ）助詞「ハ」「ヘ」「ヲ」

助詞「ハ」「ヘ」「ヲ」は「ワ」「エ」「オ」と表記する。

こんにちは	コンニチワ
いずこへ	イズコエ
字を書く	ジ△オ△カク

ウ）「ヂ」「ヅ」

２語の連合または同音の連呼によって生じた「ヂ」「ヅ」は「ジ」「ズ」と表記する。

ちかぢか	チカジカ
磯づり	イソズリ
かなづかい	カナズカイ
ちぢむ	チジム
つづり方	ツズリカタ

エ）拗音、促音

拗音を表す「ヤ」「ユ」「ヨ」は、「ャ」「ュ」「ョ」と小字で表記し、促音を表す「ツ」は、「ッ」と小字で表記する。

著者	チョシャ
雑誌	ザッシ

115

オ）長音
    （1）ア列の長音は、「ア」と表記する。
        母さん　　　　　　　　カアサン
    （2）イ列の長音は、「イ」と表記する。
        兄さん　　　　　　　　ニイサン
    （3）ウ列の長音は、「ウ」と表記する。
        有数　　　　　　　　　ユウスウ
    （4）エ列の長音は、「エ」と表記する。
        姉さん　　　　　　　　ネエサン
    （5）オ列の長音は、「ウ」と表記する。ただし、現代かなづかいで「お」と書き表される長音は、「オ」と表記する。
        労働法　　　　　　　　ロウドウホウ
        大阪　　　　　　　　　オオサカ
        氷　　　　　　　　　　コオリ
        十日　　　　　　　　　トオカ
        遠目　　　　　　　　　トオメ

カ）拗長音
    （1）ア列拗音の長音は、「ャ」のつぎに「ア」と表記する。
        じゃあじゃあ　　　　　ジャア△ジャア
    （2）ウ列拗音の長音は、「ュ」のつぎに「ウ」と表記する。
        乳牛　　　　　　　　　ニュウギュウ
    （3）オ列拗音の長音は、「ョ」のつぎに「ウ」と表記する。
        表彰　　　　　　　　　ヒョウショウ

2．外来語

　標目の漢字形が外来語（かなで表示されている外国人名、団体名、地名、外国語を含む）で表示されているか、その一部に外来語を含むときは、原則として第1表に従って、表示されているとおりに表記する。第1表に無い文字で第2表にある文字は第2表に従う。
　ただし、第1表、第2表にない文字については第1表に含まれる文字に置き換える。

ア）第1表に従って表記するもの
        バレエ　　　　　　　　バレエ
        バレー　　　　　　　　バレー
        シェイクスピア全集　　シェイクスピア△ゼンシュウ

シェークスピヤ全集	シェークスピヤ△ゼンシュウ
シェクスピア物語	シェクスピア△モノガタリ
キェルケゴール	キェルケゴール
クォータリー	クォータリー
ゲョエテ	ゲョエテ

イ）第2表に従って表記するもの

　　外来語の表記に際して、第1表にない文字は、第2表に従って表記する。

ヰタ・セクスアリス	→	イタ△セクスアリス
ヷルレンシュタイン	→	ヴァルレンシュタイン
ヱニス	→	ヴェニス
ビルヂング	→	ビルジング

ウ）第1表、第2表にないもの

　　第1表になく、第2表にも指定の無い文字は、第1表に含まれる文字に置き換える。

| カ゜ | カ |

エ）漢字で表示されている外来語

　　漢字で表示されている外来語、外国人名、地名等は、その発音に従い、第1表によって表記する。
　　この場合、長音、拗長音は長音符（ー）で表記する。

那波烈翁ト那杷盧的	ナポレオン△ボナパルト
倫敦	ロンドン
伯林	ベルリン
珈琲	コーヒー

3．アルファベット

ア）ローマ・アルファベット

　　標目の漢字形、漢字形がない場合はローマ字形がローマ・アルファベットのみで表示されているときは、標目のカナ形もそのままローマ・アルファベットで表記する。ただし、カナ形ではローマ・アルファベットのみで表記されているときの冒頭の冠詞は省略する。

　　標目の漢字形の一部にローマ・アルファベットを含むときも、標目のカナ形はそのままローマ・アルファベットで表記する。

　　記号付アルファベットや変形アルファベットを含んでいる場合は第3表に従ってローマ・アルファベットに翻字する。

M&A	M△&△A
Hon no rekisi	Hon△no△rekisi
A blend of voices	Blend△of△voices
The video	Video
Ｔｈｅ万年筆	Ｔｈｅ△マンネンヒツ
ｐＨの理論と測定	ｐＨ△ノ△リロン△ト△ソクテイ
日本ＢＳＣＳ委員会	ニホン△ＢＳＣＳ△イインカイ
Ｄ．Ｈ．ロレンスの文学	Ｄ．△Ｈ．△ロレンス△ノ△ブンガク
ＭＳ－ＤＯＳプログラミング	ＭＳ－ＤＯＳ△プログラミング
Pattern makingの研究	Ｐａｔｔｅｒｎ△ｍａｋｉｎｇ△ノ△ケンキュウ
Noël	Noel

イ）キリル文字・ギリシア文字

　　標目の漢字形、漢字形がない場合はローマ字形がキリル文字、ギリシャ文字のみで表記されているときは、第４表に従ってローマン・アルファベットに翻字する。また、標目漢字形の一部にキリル文字、ギリシャ文字を含むときは、第４表によってカナ表記する。

β遮断剤とは	ベータ△シャダンザイ△トワ
Преступление и наказание	
	Prestuplenie△i△nakazanie

４．数字

ア）漢数字

　　標目の漢字形が漢数字で表示されているか、その一部に漢数字を含むときは、原則として、不自然でない限り次のとおり表記する。

（１）　一（イチ）　　二（ニ）　　三（サン）　　四（シ）　　五（ゴ）
　　　　六（ロク）　　七（シチ）　八（ハチ）　　九（ク）　　十（ジュウ）
　　　　零（レイ）

　注：「十」が他の語と結びついて促音となるときは、「ジッ」と表記する。

十進法	ジッシンホウ
十戒	ジッカイ

（２）漢数字が成語または固有名詞の一部に含まれていて、慣用の読み方が確立しているときは、典拠とする参考資料に従って表記する。

四次元	ヨジゲン
六義園	リクギエン
七転八起	ナナコロビ△ヤオキ

　　　　　　九尾の狐　　　　　　　　　　キュウビ△ノ△キツネ
（3）漢数字が数量、および序数を示す場合はアラビア数字で表記することがある。
　　　　　　五十周年記念誌　　　　　　　５０シュウネン△キネンシ
　　　　　　二十世紀の千人　　　　　　　２０セイキ△ノ△１０００ニン

イ）アラビア数字

　　標目の漢字形がアラビア数字で表示されているか、その一部にアラビア数字を含むときは、原則として不自然でない限り、そのままアラビア数字で表記する。また、アラビア数字のままの表記で不自然なものはカナ表記し、著者出版者の意図による読みとしてルビがある場合に限りルビによる読みに従って表記する。

　　　　　　Ｗｉｎｄｏｗｓ　９５　　　　　Ｗｉｎｄｏｗｓ△９５
　　　　　　８ｍｍ映画ハンドブック　　　　８ｍｍ△エイガ△ハンドブック
　　　　　　２０年の歩み　　　　　　　　　２０ネン△ノ△アユミ
　　　　　　４次元　　　　　　　　　　　　４ジゲン
　　　　　　１０回　　　　　　　　　　　　１０カイ
　　　　　　１９９５．１．１７を証言する　　１９９５．△１．△１７△オ△ショウゲンスル
　　　　　　１／１０万　　　　　　　　　　ジュウマンブンノイチ
　　　　　　２日制　　　　　　　　　　　　フツカセイ
　　　　　　Ｓｈｉｎｋａｎｓｅｎ　’９０　　Ｓｈｉｎｋａｎｓｅｎ△’９０
　　　　　　Ｍｉｃｋｅｙ　Ｍｏｕｓｅ　ｈａｐｐｙ　６０ｔｈ　ｂｉｒｔｈｄａｙ
　　　　　　　　　　　　　　　　　　　　　Ｍｉｃｋｅｙ△Ｍｏｕｓｅ△ｈａｐｐｙ△６０ｔｈ
　　　　　　　　　　　　　　　　　　　　　　△ｂｉｒｔｈｄａｙ
　　　　　　Ｖｏｌｋｓｗａｇｅｎ　２　　　　Ｖｏｌｋｓｗａｇｅｎ△２

ウ）ローマ数字

　　ローマ数字は、原則として使用せず、標目の漢字形においてもアラビア数字に置き換えている。例外的にアルファベットに置き換えることもある。標目のカナ形においては、漢字形の形のままアラビア数字あるいはアルファベットを使用する。

5．記号

　　標目の漢字形に記号を含むときは、標目のカナ形はその記号の種類によって以下の通りに表記する。

ア）表記形のままとするもの
　　（1）記号1群
　　　　　　’【アポストロフィ】　　＋【プラス】　　　　－【マイナス、ハイフン、長音記号】

&【アンパーサント】　％【パーセント】　＝【イコール】　．【ピリオド】
の7字

(2) 記号2群（記号2群については空白にしている場合もある）

（【丸括弧開く】　）【丸括弧閉じる】　,【カンマ】　の3字

イ）空白とするもの

(1) 記号3群

記号1群・記号2群以外の記号

ウ）かな表記するもの

(1) 著者出版者の意図による読み

記号1～3群にルビがある場合に限り、ルビによる読みに従って表記する。ただし、ルビがなくても空白にすると読みが成立しないような場合に、例外的に、意味によってカナ形の表記をすることがある。

学生のための一太郎 ＠ Windows 95	→	ガクセイ△ノ△タメノ△イチタロウ△アット△Ｗｉｎｄｏｗｓ△９５
Lotus 1-2-3 ＠ Windows 95	→	Ｌｏｔｕｓ△１－２－３△ａｔ△Ｗｉｎｄｏｗｓ△９５
？と！の話	→	ハテナ△ト△ビックリ△ノ△ハナシ
？山宏	→	ナゾヤマ、ヒロシ

120

付・第1表（昭和21年内閣告示第33号による）

ア	イ	ウ	エ	オ			
(ァ)	(ィ)	(ゥ)	(ェ)	(ォ)			
カ	キ	ク	ケ	コ	キャ	キュ	キョ
サ	シ	ス	セ	ソ	シャ	シュ	ショ
タ	チ	ツ	テ	ト	チャ	チュ	チョ
		(ッ)					
ナ	ニ	ヌ	ネ	ノ	ニャ	ニュ	ニョ
ハ	ヒ	フ	ヘ	ホ	ヒャ	ヒュ	ヒョ
マ	ミ	ム	メ	モ	ミャ	ミュ	ミョ
ヤ		ユ		ヨ			
(ャ)		(ュ)		(ョ)			
ラ	リ	ル	レ	ロ	リャ	リュ	リョ
ワ				ヲ＊			
ン							
		(ヴ)					
ガ	ギ	グ	ゲ	ゴ	ギャ	ギュ	ギョ
ザ	ジ	ズ	ゼ	ゾ	ジャ	ジュ	ジョ
ダ	ヂ＊	ヅ＊	デ	ド	ヂャ＊	ヂュ＊	ヂョ＊
バ	ビ	ブ	ベ	ボ	ビャ	ビュ	ビョ
パ	ピ	プ	ペ	ポ	ピャ	ピュ	ピョ

＊は『JAPAN/MARC』では使用しない。

(　)は当館追加分。

付・第2表

<table>
<tr><td colspan="3">和語の表記</td><td colspan="3">外来語の表記</td></tr>
<tr><td>ゐ</td><td>→</td><td>イ</td><td>ヰ</td><td>→</td><td>イ</td></tr>
<tr><td>ゑ</td><td>→</td><td>エ</td><td>ヱ</td><td>→</td><td>エ</td></tr>
<tr><td>を</td><td>→</td><td>オ</td><td>ヲ</td><td>→</td><td>オ</td></tr>
<tr><td>ぢ</td><td>→</td><td>ジ</td><td>ヂ</td><td>→</td><td>ジ</td></tr>
<tr><td>づ</td><td>→</td><td>ズ</td><td>ヅ</td><td>→</td><td>ズ</td></tr>
<tr><td></td><td></td><td></td><td>ワ゛</td><td>→</td><td>ヴァ</td></tr>
<tr><td colspan="3">和語（助詞の場合）の表記</td><td>ヰ゛</td><td>→</td><td>ヴィ</td></tr>
<tr><td>は</td><td>→</td><td>ワ</td><td>ヱ゛</td><td>→</td><td>ヴェ</td></tr>
<tr><td>へ</td><td>→</td><td>エ</td><td>ヲ゛</td><td>→</td><td>ヴォ</td></tr>
</table>

付・第3表（記号付き・変形アルファベット－アルファベット対照表）

変形	翻字形	記号付き	翻字形
Æ	AE	Á	A
æ	ae	À	A
Ð	D	Â	A
đ	d	Ä	A
ð	d	Ã	A
Ł	L	Å	A
ł	l	Ă	A
Ø	O	Ç	C
ø	o	É	E
Œ	OE	È	E
œ	oe	Ê	E
ß	ss	Ě	E
Þ	TH	Í	I
þ	th	Ì	I
Ơ	O	Î	I
ơ	o	Ï	I
Ư	U	Ñ	N
ư	u	Ó	O
		Ò	O
		Ô	O
		Ö	O
		Õ	O
		Ú	U
		Ù	U
		Û	U
		Ü	U
		Ů	U

記号付き	翻字形	記号付き	翻字形
á	a	ñ	n
à	a	ń	n
â	a	ň	n
ä	a	ó	o
ã	a	ò	o
å	a	ô	o
ă	a	ö	o
ạ	a	õ	o
ĉ	c	ọ	o
č	c	ṙ	r
ç	c	ř	r
ď	d	ṣ	s
ď	d	š	s
é	e	ṣ	s
è	e	ť	t
ê	e	ṫ	t
ë	e	ṭ	t
ĕ	e	ú	u
ẹ	e	ù	u
í	i	û	u
ì	i	ü	u
î	i	ů	u
ï	i	ű	u
ı	i	ý	y
		ź	z
		ž	z
		ż	z

124

付・第４表　（キリル－アルファベット－カナヨミ ・ ギリシア－アルファベット－カナヨミ　対照表）

キリル文字	翻字形	カナヨミ	ギリシア文字	翻字形	カナヨミ
А　а	A　a	ア	Α　α	A　a	アルファ
Б　б	B　b	ベ	Β　β	B　b	ベータ
В　в	V　v	ヴェ	Γ　γ	G(※1)g	ガンマ
Г　г	G　g	ゲ	Δ　δ	D　d	デルタ
Д　д	D　d	デ	Ε　ε	E　e	イプシロン
Е　е	E　e	イェ	Ζ　ζ	Z　z	ゼータ
Ё　ё	E　e	ヨ	Η　η	E　e	イータ
Ж　ж	ZH　zh	ジェ	Θ　θ	TH　th	シータ
З　з	Z　z	ゼ	Ι　ι	I　i	イオタ
И　и	I　i	イ	Κ　κ	K　k	カッパ
Й　й	I　i	イクラトカヤ	Λ　λ	L　l	ラムダ
К　к	K　k	カ	Μ　μ	M　m	ミュー
Л　л	L　l	エリ	Ν　ν	N　n	ニュー
М　м	M　m	エム	Ξ　ξ	X　x	グザイ
Н　н	N　n	エヌ	Ο　ο	O　o	オミクロン
О　о	O　o	オ	Π　π	P　p	パイ
П　п	P　p	ペ	Ρ　ρ	R　r	ロー
Р　р	R　r	エル	Ρ　ρ	RH　rh	
С　с	S　s	エス	Σ　σ	S　s	シグマ
Т　т	T　t	テ	Τ　τ	T　t	タウ
У　у	U　u	ウ	Υ　υ	Y　y	ウプシロン
Ф　ф	F　f	エフ	Φ　φ	PH　ph	ファイ
Х　х	KH　kh	ハ	Χ　χ	CH　ch	カイ
Ц　ц	TS　ts	ツェ	Ψ　ψ	PS　ps	プサイ
Ч　ч	CH　ch	チェ	Ω　ω	O　o	オメガ
Ш　ш	SH　sh	シャ			
Щ　щ	SHCH　shch	シシャ			
Ъ　ъ	”	イエル			
Ы　ы	Y　y	イルイ			
Ь　ь	'	イエリ			
Э　э	E　e	エ			
Ю　ю	IU　iu	ユ			
Я　я	IA　ia	ヤ			

(※1)　γ、κ、χの前ではGではなくNと表記する。

付録B－2

アクセス・ポイントのかな表記要領

（2002年3月以前に適用）

1．和語、漢語

標目の形が和語、漢語（漢字を使用する日本、中国、朝鮮の人名、団体名、地名を含む）で表示されているときは、その発音に従い、第1表によって表記する。

ア）旧かなづかい

旧かなづかいはその現代語音によって表記する。

てふてふ	チョウチョウ
どぜう	ドジョウ
みづゑ	ミズエ

イ）助詞「ハ」「ヘ」「ヲ」

助詞「ハ」「ヘ」「ヲ」は「ワ」「エ」「オ」と表記する。

こんにちは	コンニチワ
いずこへ	イズコエ
字を書く	ジ△オ△カク

ウ）「ヂ」「ヅ」

2語の連合または同音の連呼によって生じた「ヂ」「ヅ」は「ジ」「ズ」と表記する。

ちかぢか	チカジカ
磯づり	イソズリ
かなづかい	カナズカイ
ちぢむ	チジム
つづり方	ツズリカタ

エ）拗音、促音

拗音を表す「や」「ゆ」「よ」は、「ャ」「ュ」「ョ」と小字で表記し、促音を表す「つ」は、「ッ」と小字で表記する。

著者	チョシャ
雑誌	ザッシ

オ）長音

（1）ア列の長音は、「ア」と表記する。

　　　　　母さん　　　　　　　　　カアサン
（2）イ列の長音は、「イ」と表記する。
　　　　　兄さん　　　　　　　　　ニイサン
（3）ウ列の長音は、「ウ」と表記する。
　　　　　有数　　　　　　　　　　ユウスウ
（4）エ列の長音は、「エ」と表記する。
　　　　　姉さん　　　　　　　　　ネエサン
（5）オ列の長音は、「ウ」と表記する。ただし、現代かなづかいで「お」と書き表される長音は、「オ」と表記する。
　　　　　労働法　　　　　　　　　ロウドウホウ
　　　　　大阪　　　　　　　　　　オオサカ
　　　　　氷　　　　　　　　　　　コオリ
　　　　　十日　　　　　　　　　　トオカ
　　　　　遠目　　　　　　　　　　トオメ

カ）拗長音
（1）ア列拗音の長音は、「ヤ」のつぎに「ア」と表記する。
　　　　　じゃあじゃあ　　　　　　ジャア△ジャア
（2）ウ列拗音の長音は、「ユ」のつぎに「ウ」と表記する。
　　　　　乳牛　　　　　　　　　　ニュウギュウ
（3）オ列拗音の長音は、「ヨ」のつぎに「ウ」と表記する。
　　　　　表彰　　　　　　　　　　ヒョウショウ

2．外来語

　標目の形が外来語（かなで表示されている外国人名、団体名、地名、外国語を含む）で表示されているか、その一部に外来語を含むときは、原則として第1表および第2表によって、表示されているとおりに表記する
　　　　　バレエ　　　　　　　　　バレエ
　　　　　バレー　　　　　　　　　バレー
　　　　　シェイクスピア全集　　　シェイクスピア△ゼンシュウ
　　　　　シェークスピヤ全集　　　シェークスピヤ△ゼンシュウ
　　　　　シェクスピア物語　　　　シェクスピア△モノガタリ

ア）第1表、第2表にない文字
　外来語の表記に際して、第1表および第2表にない文字は、次のように取り扱う。
（1）「ヰ」、「ヱ」、「ヲ」は「イ」、「エ」、「オ」と表記する。

ヰタ・セクスアリス → イタ△セクスアリス

（２）「ワ゜」、「ヰ゜」、「ヱ゜」、「ヲ゜」は「ヴァ」、「ヴィ」、「ヴェ」、「ヴォ」と表記する。

ワ゜ルレンシュタイン → ヴァルレンシュタイン
ヱ゜ニス → ヴェニス

（３）「ヂ」、「ヅ」は「ジ」、「ズ」と表記する。

ビルヂング → ビルジング

（４）その他の文字は、表示されているとおりに表記する。

キェルケゴール　　　　　　キェルケゴール
クォータリー　　　　　　　クォータリー
ゲョエテ　　　　　　　　　ゲョエテ

イ）漢字で表示されている外来語

　漢字で表示されている外来語、外国人名、地名等は、その発音に従い、第１表および第２表によって表記する。この場合、長音、拗長音は長音符（－）で表記する。

那波烈翁卜那杷盧的　　　　ナポレオン　ボナパルト
倫敦　　　　　　　　　　　ロンドン
伯林　　　　　　　　　　　ベルリン
珈琲　　　　　　　　　　　コーヒー

３．アルファベット

JP98以降、JP42～68

　標目の形がアルファベットで表示されているか、その一部にアルファベットを含むときは、そのままローマ字で表記する。アルファベットのみで表記されているときの冒頭の冠詞は省略する。また、標目の一部にギリシャ文字を含むときは、第３表によってカナ表記する。標目の形がキリル文字、ギリシャ文字のみのときは、ローマ・アルファベットに翻字する。ただし、JP42～68では記号の表記が異なっているものがある。

（例）

CMのすべて　　　　　　　　CM△ノ△スベテ
ｐＨの理論と測定　　　　　　ｐＨ△ノ△リロン△ト△ソクテイ
日本ＢＳＣＳ委員会　　　　　ニホン△ＢＳＣＳ△イインカイ
D. H. ロレンスの文学　　　　D.△H.△ロレンス△ノ△ブンガク
MS－DOSプログラミング　　MS－DOS△プログラミング
Ｔｈｅ万年筆　　　　　　　　Ｔｈｅ△マンネンヒツ
Pattern makingの研究　　　　Pattern△making△ノ△ケンキュウ
β遮断剤とは　　　　　　　　ベータ△シャダンザイ△トワ

ジャニーズ噂の真相Ｑ＆Ａ	ジャニーズ△ウワサ△ノ△シンソウ△Ｑ△&△Ａ
Ｍ＆Ａ	Ｍ△&△Ａ
Hon no rekisi	Ｈｏｎ△ｎｏ△ｒｅｋｉｓｉ
A blend of voices	Ｂｌｅｎｄ△ｏｆ△ｖｏｉｃｅｓ
An introduction to Brazil	Ｉｎｔｒｏｄｕｃｔｉｏｎ△ｔｏ△Ｂｒａｚｉｌ
The video	Ｖｉｄｅｏ

ＪＰ６９～９７、ＪＰ４０～４１

　標目の形がアルファベットで表示されているか、その一部にアルファベットを含むときは原則としてその発音に従い、第１表、第２表および第３表によって表記する。また、標目の一部にギリシャ文字を含むときは、第３表によってカナ表記する。ただし、その発音に従って片かなで表記することが不適当な場合は、表示されているとおりに表記するが、冒頭の冠詞は省略する。

　なお、アルファベットで表示されている和語・漢語は第１表によって表記する。

（例）

ＣＭのすべて	シーエム△ノ△スベテ
ｐＨの理論と測定	ペーハー△ノ△リロン△ト△ソクテイ
日本ＢＳＣＳ委員会	ニホン△ビーエスシーエス△イインカイ
Ｄ．Ｈ．ロレンスの文学	ディー△エイチ△ロレンス△ノ△ブンガク
Ｒ．Ｍ．リルケ	エル△エム△リルケ
ＭＳ－ＤＯＳプログラミング	エムエス△ドス△プログラミング
Ｔｈｅ万年筆	ザ△マンネンヒツ
Pattern makingの研究	パターン△メーキング△ノ△ケンキュウ
β遮断剤とは	ベータ△シャダンザイ△トワ
ジャニーズ噂の真相Ｑ＆Ａ	ジャニーズ△ウワサ△ノ△シンソウ△キュー△アンド△エイ
Ｍ＆Ａ	Ｍ△ａｎｄ△Ａ
Hon no rekisi	ホン△ノ△レキシ
A blend of voices	Ｂｌｅｎｄ△ｏｆ△ｖｏｉｃｅｓ
An Introduction to Brazil	Ｉｎｔｒｏｄｕｃｔｉｏｎ△ｔｏ△Ｂｒａｚｉｌ
The video	Ｖｉｄｅｏ

４．数字

ア）漢数字

　標目の形が漢数字で表示されているか、その一部に漢数字を含むときは、原則として、不自然でない限り次のとおり表記する。

（１）　一（イチ）　二（ニ）　三（サン）　四（シ）　五（ゴ）

六（ロク）　　七（シチ）　　八（ハチ）　　九（ク）　　十（ジュウ）
零（レイ）

注：「十」が他の語と結びついて促音となるときは、「ジッ」と表記する。

　　十進法　　　　　　　　　ジッシンホウ
　　十戒　　　　　　　　　　ジッカイ

（2）成語、固有名詞

　　漢数字が成語または固有名詞の一部に含まれていて、慣用の読み方が確立しているときは、典拠とする参考資料に従って表記する。

　　四次元　　　　　　　　　ヨジゲン
　　六義園　　　　　　　　　リクギエン
　　七転八起　　　　　　　　ナナコロビ△ヤオキ
　　九尾の狐　　　　　　　　キュウビ△ノ△キツネ

ＪＰ４２〜６８

　　太平洋二千六百年史　　　タイヘイヨウ△２６００ネンシ
　　一九二八年スペイン刑法　１９２８ネン△スペイン△ケイホウ
　　十日町　　　　　　　　　トオカマチ
　　安房めぐり十日の旅　　　アワ△メグリ△１０ニチ△ノ△タビ

イ）アラビア数字

ＪＰ９８以降、ＪＰ４２〜６８

　　標目の形がアラビア数字で表示されているか、その一部にアラビア数字を含むときは、原則として不自然でない限り、そのままアラビア数字で表記する。ローマ数字は、原則として、アラビア数字に置き換える。また、アラビア数字のままの読みで不自然なものは、カナ読みする。

　　（例）

　　Ｗｉｎｄｏｗｓ　９５　　　Ｗｉｎｄｏｗｓ△９５
　　８ｍｍ映画ハンドブック　　８ｍｍ△エイガ△ハンドブック
　　２０年の歩み　　　　　　　２０ネン△ノ△アユミ
　　４次元　　　　　　　　　　４ジゲン
　　１０回　　　　　　　　　　１０カイ
　　１９９５．１．１７を証言する　　１９９５．△１．△１７△オ△ショウゲンスル
　　１／１０万　　　　　　　　１０マンブンノ１　　　（ＪＰ４２〜６８）
　　　　　　　　　　　　　　　ジュウマンブンノイチ
　　２日制　　　　　　　　　　フツカセイ
　　Ｓｈｉｎｋａｎｓｅｎ　’９０　　Ｓｈｉｎｋａｎｓｅｎ△’９０

Mickey Mouse happy 60th birthday	Ｍｉｃｋｅｙ△Ｍｏｕｓｅ△ｈａｐｐｙ△ ６０ｔｈ△ｂｉｒｔｈｄａｙ
Volkswagen 2	Ｖｏｌｋｓｗａｇｅｎ△２

<u>ＪＰ６９～９７、ＪＰ４０～４１</u>

　標目の形がアラビア数字で表示されているか、その一部にアラビア数字を含むときは、原則としてカナ読みするが、欧文中はその言語の数詞の読みで表記する。

（例）

Ｗｉｎｄｏｗｓ　９５	ウインドウズ△クジュウゴ
８ｍｍ映画ハンドブック	ハチミリ△エイガ△ハンドブック
２０年の歩み	ニジュウネン△ノ△アユミ
４次元	ヨジゲン
１０回	ジッカイ
１９９５．１．１７を証言する	センキュウヒャク△クジュウゴ△テン△イチ△テン△イチシチ△オ△ショウゲンスル
１／１０万	ジュウマンブンノイチ
２日制	フツカセイ
Shinkansen ’９０	シンカンセン△クジュウ
Mickey Mouse happy 60th birthday	Ｍｉｃｋｅｙ△Ｍｏｕｓｅ△ｈａｐｐｙ△ｓｉｘｔｉｅｔｈ△ｂｉｒｔｈｄａｙ
Volkswagen 2	Ｖｏｌｋｓｗａｇｅｎ△ｚｗｅｉ

付・第1表

ア	イ	ウ	エ	オ			
カ	キ	ク	ケ	コ	キャ	キュ	キョ
サ	シ	ス	セ	ソ	シャ	シュ	ショ
タ	チ	ツ	テ	ト	チャ	チュ	チョ
ナ	ニ	ヌ	ネ	ノ	ニャ	ニュ	ニョ
ハ	ヒ	フ	ヘ	ホ	ヒャ	ヒュ	ヒョ
マ	ミ	ム	メ	モ	ミャ	ミュ	ミョ
ヤ		ユ		ヨ			
ラ	リ	ル	レ	ロ	リャ	リュ	リョ
ワ							
ン							
ガ	ギ	グ	ゲ	ゴ	ギャ	ギュ	ギョ
ザ	ジ	ズ	ゼ	ゾ	ジャ	ジュ	ジョ
ダ			デ	ド			
バ	ビ	ブ	ベ	ボ	ビャ	ビュ	ビョ
パ	ピ	プ	ペ	ポ	ピャ	ピュ	ピョ

付・第2表

	ウィ		ウェ	ウォ
			シェ	
ツァ	ツィ		ツェ	ツォ
			チェ	
	ティ			
		トゥ		
ファ	フィ		フェ	フォ
ヴァ	ヴィ	ヴ	ヴェ	ヴォ
			ジェ	
	ディ	デュ		
		ドゥ		

付・第3表

英語		ドイツ語		フランス語		スペイン語	
A	エイ	A	アー	A	ア	A	ア
B	ビー	B	ベー	B	ベ	B	ベ
C	シー	C	ツェー	C	セ	C	セ
D	ディー	D	デー	D	デ	Ch	チェ
E	イー	E	エー	E	ウ	D	デ
F	エフ	F	エフ	F	エフ	E	エ
G	ジー	G	ゲー	G	ジェ	F	エフェ
H	エイチ	H	ハー	H	アシュ	G	ヘ
I	アイ	I	イー	I	イ	H	アチェ
J	ジェイ	J	ヨット	J	ジ	I	イ
K	ケイ	K	カー	K	カ	J	ホタ
L	エル	L	エル	L	エル	K	カ
M	エム	M	エム	M	エム	L	エレ
N	エヌ	N	エヌ	N	エヌ	Ll	エリェ
O	オー	O	オー	O	オ	M	エメ
P	ピー	P	ペー	P	ペ	N	エネ
Q	キュー	Q	クー	Q	キュ	Ñ	エニェ
R	アール	R	エル	R	エール	O	オ
S	エス	S	エス	S	エス	P	ペ
T	ティー	T	テー	T	テ	Q	ク
U	ユー	U	ウー	U	ユ	R	エレ
V	ヴィ	V	ファウ	V	ヴェ	S	エセ
W	ダブリュー	W	ヴェー	W	ドゥブルヴェ	T	テ
X	エックス	X	イクス	X	イクス	U	ウ
Y	ワイ	Y	イプシロン	Y	イグレック	V	ベ
Z	ゼット	Z	ツェット	Z	ゼッド	W	ベドブレ
						X	エキス
						Y	イグリエガ
						Z	セタ

133

イタリア語		ロシア語		ギリシア語	
A	ア	А	ア	A α	アルファ
B	ビ	Б	ベ	B β	ベータ
C	チ	В	ヴェ	Γ γ	ガンマ
D	ディ	Г	ゲ	Δ δ	デルタ
E	エ	Д	デ	E ε	イプシロン
F	エッフェ	Е	イェ	Z ζ	ゼータ
G	ジ	Ё	ヨ	H η	イータ
H	アッカ	Ж	ジェ	Θ θ	シータ
I	イ	З	ゼ	I ι	イオタ
L	エッレ	И	イ	K κ	カッパ
M	エンメ	Й	イクラトカヤ	Λ λ	ラムダ
N	エンネ	К	カ	M μ	ミュー
O	オ	Л	エリ	N ν	ニュー
P	ピ	М	エム	Ξ ξ	グザイ
Q	ク	Н	エヌ	O o	オミクロン
R	エッレ	О	オ	Π π	パイ
S	エッセ	П	ペ	P ρ	ロー
T	ティ	Р	エル	Σ σ	シグマ
U	ウ	С	エス	T τ	タウ
V	ヴー	Т	テ	Υ υ	ウプシロン
Z	ゼータ	У	ウ	Φ φ	ファイ
		Ф	エフ	X χ	カイ
		Х	ハ	Ψ ψ	プサイ
		Ц	ツェ	Ω ω	オメガ
		Ч	チェ		
		Ш	シャ		
		Щ	シシャ		
		Ъ	イエル		
		Ы	イルイ		
		Ь	イエリ		
		Э	エ		
		Ю	ユ		
		Я	ヤ		

付録C－1
アクセス・ポイントのローマ字形サブフィールドにおけるローマ字表記要領
(2002年4月以降に適用)

アクセス・ポイントのローマ字形サブフィールド（＄Ｘ）では、原則として訓令式ローマ字を使用する。

訓令式ローマ字表（ＩＳＯ　３６０２）

ア(ァ)	イ(ィ)	ウ(ゥ)	エ(ェ)	オ(ォ)				
a	i	u	e	o				
カ(ヵ)	キ	ク	ケ(ヶ)	コ	キャ	キュ	キョ	(キェ)
ka	ki	ku	ke	ko	kya	kyu	kyo	(kye)
サ	シ	ス	セ	ソ	シャ	シュ	ショ	(シェ)
sa	si	su	se	so	sya	syu	syo	(sye)
タ	チ(ティ)	ツ	テ	ト	チャ(テャ)	チュ(テュ)	チョ(テョ)	(チェ)
ta	ti	tu	te	to	tya	tyu	tyo	(tye)
ナ	ニ	ヌ	ネ	ノ	ニャ	ニュ	ニョ	(ニェ)
na	ni	nu	ne	no	nya	nyu	nyo	(nye)
ハ	ヒ	フ	ヘ	ホ	ヒャ	ヒュ	ヒョ	(ヒェ)
ha	hi	hu	he	ho	hya	hyu	hyo	(hye)
(ファ)	(フィ)		(フェ)	(フォ)	(フャ)	(フュ)	(フョ)	
(fa)	(fi)		(fe)	(fo)	(fya)	(fyu)	(fyo)	
マ	ミ	ム	メ	モ	ミャ	ミュ	ミョ	(ミェ)
ma	mi	mu	me	mo	mya	myu	myo	(mye)
ヤ		ユ		ヨ				
ya		yu		yo				
ラ	リ	ル	レ	ロ	リャ	リュ	リョ	(リェ)
ra	ri	ru	re	ro	rya	ryu	ryo	(rye)
ワ(ヮ)	(ヰ)		(ヱ)	ヲ	ン			
wa	(i)		(e)	o	n			
ガ	ギ	グ	ゲ	ゴ	ギャ	ギュ	ギョ	(ギェ)
ga	gi	gu	ge	go	gya	gyu	gyo	(gye)
ザ	ジ	ズ	ゼ	ゾ	ジャ	ジュ	ジョ	(ジェ)
za	zi	zu	ze	zo	zya	zyu	zyo	(zye)
ダ	ヂ	ヅ	デ	ド	ヂャ	ヂュ	ヂョ	(ヂェ)
da	zi	zu	de	do	zya	zyu	zyo	(zye)
	(ディ)				(デャ)	(デュ)	(デョ)	
	(di)				(dya)	(dyu)	(dyo)	
バ	ビ	ブ	ベ	ボ	ビャ	ビュ	ビョ	(ビェ)
ba	bi	bu	be	bo	bya	byu	byo	(bye)
(ヴァ)	(ヴィ)	(ヴ)	(ヴェ)	(ヴォ)	(ヴャ)	(ヴュ)	(ヴョ)	
(va)	(vi)	(vu)	(ve)	(vo)	(vya)	(vyu)	(vyo)	
パ	ピ	プ	ペ	ポ	ピャ	ピュ	ピョ	(ピェ)
pa	pi	pu	pe	po	pya	pyu	pyo	(pye)

（　）は、当館追加分

1．撥音「ン」は、その前の文字にかかわりなく、すべて「n」を使用する。
　　（例）　案内　annai　　　　　　ポンプ　ponpu

2．撥音のnに後続する字が母音またはyであるときは、「n」の次に「'」を入れる。
　　（例）　金印　kin'in　　　　　　パン屋　pan'ya

3．促音は子音を2つ重ねる。ただし、フィールドの末尾等に現れる促音で、子音の重複が行えない場合は「tu」を使用する。
　　（例）　切手　kitte　　　　　　勝てっ　katetu

4．長音に（^）を付した文字および長音記号「ー」は使用しない。
　　（例）　学校　gakkou　　　　　　スーパーカー　supaka

5．外来語等は訓令式ローマ字に表記があれば表により、表にない場合は2音で表す。
　　（例）　ペルシャ　perusya　　　　ディジタル　dizital
　　　　　　ペルシァ　perusia　　　　コンツェルン　kontuerun
　　　　　テレシコヮ　teresikowa

6．文頭、人名の姓と名の1文字目、件名の細目の1文字目は大文字で表す。

付録Ｃ－２

アクセス・ポイントのローマ字表記要領

(2002年3月以前に適用)

アクセス・ポイントのローマ字形（＄Ｘ）では、原則として訓令式ローマ字を使用する。

訓令式ローマ字表（ＩＳＯ ３６０２）

a	i	u	e	o				
ka	ki	ku	ke	ko	kya	kyu	(kye)	kyo
sa	si	su	se	so	sya	syu	(sye)	syo
ta	ti	tu	te	to	tya	tyu	(tye)	tyo
na	ni	nu	ne	no	nya	nyu	(nye)	nyo
ha	hi	hu	he	ho	hya	hyu	(hye)	hyo
ma	mi	mu	me	mo	mya	myu	(mye)	myo
ya	i	yu	e	yo				
ra	ri	ru	re	ro	rya	ryu	(rye)	ryo
wa	i	u	e	o				
ga	gi	gu	ge	go	gya	gyu	(gye)	gyo
za	zi	zu	ze	zo	zya	zyu	(zye)	zyo
da	zi	zu	de	do	zya	zyu	(zye)	zyo
ba	bi	bu	be	bo	bya	byu	(bye)	byo
pa	pi	pu	pe	po	pya	pyu	(pye)	pyo

追加ローマ字表

ヴァ	ba	ヴィ	bi	ヴ	bu	ヴェ	be	ヴォ	bo
ワ゛	ba	ヰ゛	bi			ヱ゛	be	ヲ゛	bo
ファ	ha	フィ	hi			フェ	he	フォ	ho
		ティ	ti	テュ	tyu				
		ディ	zi	デュ	zyu				

1. 撥音「ン」は、その前の文字にかかわりなく、すべてnを使用する。
   　　（例）　案内　annai　　ポンプ　ponpu

2. 撥音のnに後続する字が母音またはyであるときは、nの次に「'」を入れる。
   　　（例）　金印　kin'in

3．促音は子音を2つ重ねる。ただし、フィールドの末尾等に現れる促音で、子音の重複が行えない場合は省略する。
　　（例）　学校　gakkô　　勝てっ！　kate

4．長音は母音に（^）を付した文字を使用する。ただし、日本語の「イー」のみはｉｉで表す。
　　（例）　小さい　tiisai
　　　　　　スキイ　sukî
　　　　　　スキー　sukî

5．外来語等で訓令式ローマ字表にない表記のものは訓令式ローマ字表の（　）内および追加ローマ字表による。
　　（例）　ヴィタミン　bitamin　　ファシズム　hasizumu
　　　　　　ステュワーデス　sutyuwâdesu
　　　　　　ラディオ　razio　　ディジタル　zizitaru

6．訓令式ローマ字表および追加ローマ字表にないものは、2音で表す。
　　（例）　ウィスキー　uisukî　　コンツェルン　kontuerun

7．文頭、人名の姓と名の1文字目、件名の細目の1文字目は大文字で表す。

付録D

使用コード一覧

『JAPAN/MARC』で使用するコードを、以下の表で示す。なお、以下のコードの内容自体は、当館ホームページに掲載する予定である。当館作成のコード表は付録D-1、D-2に収録している。

コード名	使用箇所	備考
国名コード	020$A 102$A 801$A	ISO 3166-1を使用
言語コード	100 101$A 101$C	ISO 639-2を使用
都道府県コード	102$B	JIS X 0401を使用
	915$D	付録D-1　参照
大学コード	910$3	JIS X 0408に準拠
旧官庁コード	915$A	付録D-3　参照
新官庁コード	915$C	付録D-2　参照

付録D-1

都 道 府 県 コ ー ド 表

北海道	010
北海道（札幌市）	011
北海道（札幌市以外の市町村）	012
北海道（設定なし）	019
青森県	020
青森県（市町村）	022
青森県（設定なし）	029
岩手県	030
岩手県（市町村）	032
岩手県（設定なし）	039
宮城県	040
宮城県（仙台市）	041
宮城県（仙台市以外の市町村）	042
宮城県（設定なし）	049
秋田県	050
秋田県（市町村）	052
秋田県（設定なし）	059
山形県	060
山形県（市町村）	062
山形県（設定なし）	069
福島県	070
福島県（市町村）	072
福島県（設定なし）	079
茨城県	080
茨城県（市町村）	082
茨城県（設定なし）	089
栃木県	090
栃木県（市町村）	092
栃木県（設定なし）	099
群馬県	100
群馬県（市町村）	102

群馬県（設定なし）	109
埼玉県	110
埼玉県（市町村）	112
埼玉県（設定なし）	119
千葉県	120
千葉県（千葉市）	121
千葉県（千葉市以外の市町村）	122
千葉県（設定なし）	129
東京都	130
東京都（23区）	131
東京都（23区以外の市町村）	132
東京都（設定なし）	139
神奈川県	140
神奈川県（横浜市・川崎市）	141
神奈川県（横浜市・川崎市以外の市町村）	142
神奈川県（設定なし）	149
新潟県	150
新潟県（市町村）	152
新潟県（設定なし）	159
富山県	160
富山県（市町村）	162
富山県（設定なし）	169
石川県	170
石川県（市町村）	172
石川県（設定なし）	179
福井県	180
福井県（市町村）	182
福井県（設定なし）	189
山梨県	190
山梨県（市町村）	192
山梨県（設定なし）	199
長野県	200
長野県（市町村）	202
長野県（設定なし）	209
岐阜県	210

岐阜県（市町村）	212
岐阜県（設定なし）	219
静岡県	220
静岡県（市町村）	222
静岡県（設定なし）	229
愛知県	230
愛知県（名古屋市）	231
愛知県（名古屋市以外の市町村）	232
愛知県（設定なし）	239
三重県	240
三重県（市町村）	242
三重県（設定なし）	249
滋賀県	250
滋賀県（市町村）	252
滋賀県（設定なし）	259
京都府	260
京都府（京都市）	261
京都府（京都市以外の市町村）	262
京都府（設定なし）	269
大阪府	270
大阪府（大阪市）	271
大阪府（大阪市以外の市町村）	272
大阪府（設定なし）	279
兵庫県	280
兵庫県（神戸市）	281
兵庫県（神戸市以外の市町村）	282
兵庫県（設定なし）	289
奈良県	290
奈良県（市町村）	292
奈良県（設定なし）	299
和歌山県	300
和歌山県（市町村）	302
和歌山県（設定なし）	309
鳥取県	310
鳥取県（市町村）	312

鳥取県（設定なし）	319
島根県	320
島根県（市町村）	322
島根県（設定なし）	329
岡山県	330
岡山県（市町村）	332
岡山県（設定なし）	339
広島県	340
広島県（広島市）	341
広島県（広島市以外の市町村）	342
広島県（設定なし）	349
山口県	350
山口県（市町村）	352
山口県（設定なし）	359
徳島県	360
徳島県（市町村）	362
徳島県（設定なし）	369
香川県	370
香川県（市町村）	372
香川県（設定なし）	379
愛媛県	380
愛媛県（市町村）	382
愛媛県（設定なし）	389
高知県	390
高知県（市町村）	392
高知県（設定なし）	399
福岡県	400
福岡県（福岡市・北九州市）	401
福岡県（福岡市・北九州市以外の市町村）	402
福岡県（設定なし）	409
佐賀県	410
佐賀県（市町村）	412
佐賀県（設定なし）	419
長崎県	420
長崎県（市町村）	422

長崎県（設定なし）	429
熊本県	430
熊本県（市町村）	432
熊本県（設定なし）	439
大分県	440
大分県（市町村）	442
大分県（設定なし）	449
宮崎県	450
宮崎県（市町村）	452
宮崎県（設定なし）	459
鹿児島県	460
鹿児島県（市町村）	462
鹿児島県（設定なし）	469
沖縄県	470
沖縄県（市町村）	472
沖縄県（設定なし）	479
公立大学	500

付録D-2

新 官 庁 コ ー ド 表

(2001年の省庁再編以降の官公庁に対応)

衆議院	AA0
参議院	AB0
国立国会図書館	AC0
裁判官弾劾裁判所	AD0
裁判官訴追委員会	AE0
会計検査院	BA0
内閣	CA0
安全保障会議	CB0
人事院	CC0
内閣府	DA0
宮内庁	DB0
国家公安委員会	DC0
警察庁	DD0
防衛庁	DE0
防衛施設庁	DF0
金融庁	DG0
総務省	EA0
公正取引委員会	EB0
公害等調整委員会	EC0
郵政事業庁	ED0
地方支分部局	ED1
消防庁	EE0
法務省	FA0
地方支分部局	FA1
司法試験管理委員会	FB0
公安審査委員会	FC0
公安調査庁	FD0
検察庁	FE0
外務省	GA0
財務省	HA0

地方支分部局	HA1
国税庁	HB0
文部科学省	KA0
文化庁	KB0
厚生労働省	LA0
地方支分部局	LA1
中央労働委員会	LB0
社会保険庁	LC0
農林水産省	MA0
地方支分部局	MA1
食糧庁	MB0
林野庁	MC0
水産庁	MD0
経済産業省	NA0
地方支分部局	NA1
資源エネルギー庁	NB0
特許庁	NC0
中小企業庁	ND0
国土交通省	PA0
地方支分部局	PA1
船員労働委員会	PB0
気象庁	PC0
海上保安庁	PD0
海難審判庁	PE0
環境省	RA0
地方支分部局	RA1
最高裁判所	SA0
高等裁判所	SB0
地方裁判所	SC0
家庭裁判所	SD0
公団	TA0
事業団	TB0
公庫	TC0
基金	TD0
銀行	TE0

その他	TF0
国立大学等	WA0
国立大学共同利用機関	WB0

付録D－3

旧 官 庁 コ ー ド 表
(2001年の省庁再編以前の官公庁に対応)

衆議院	A10
参議院	A20
国立国会図書館	A30
裁判官弾劾裁判所	A40
裁判官訴追委員会	A50
会計検査院	B10
内閣	C10
人事院	C11
総理府	D10
総理府審議会等・施設等機関・特別の機関	D11
公正取引委員会	D13
国家公安委員会	D15
警察庁	D17
公害等調整委員会	D19
宮内庁	D1B
行政管理庁	D1D
総務庁	D1E
北海道開発庁	D1F
防衛庁	D1H
防衛施設庁	D1J
経済企画庁	D1L
科学技術庁	D1N
環境庁	D1P
沖縄開発庁	D1R
国土庁	D1T
金融監督庁	D1U
法務省	E10
法務省審議会等・施設等機関	E11
法務省地方支分部局	E12
検察庁	E13

公安調査庁	E15
外務省	F10
外務省審議会等・施設等機関・特別の機関	F11
大蔵省	G10
大蔵省審議会等・施設等機関・特別の機関	G11
大蔵省地方支分部局	G12
国税庁	G13
文部省	H10
文部省審議会等・施設等機関・特別の機関	H11
文化庁	H13
厚生省	J10
厚生省審議会等・施設等機関・特別の機関	J11
厚生省地方支分部局	J12
社会保険庁	J13
農林水産省	K10
農林水産省審議会等・施設等機関・特別の機関	K11
農林水産省地方支分部局	K12
食糧庁	K13
林野庁	K15
水産庁	K17
通商産業省	L10
通商産業省審議会等・施設等機関・特別の機関	L11
通商産業省地方支分部局	L12
資源エネルギー庁	L13
特許庁	L15
中小企業庁	L17
運輸省	M10
運輸省審議会等・施設等機関	M11
運輸省地方支分部局	M12
船員労働委員会	M13
海上保安庁	M15
海難審判所	M17
気象庁	M19
郵政省	N10
郵政省審議会等・施設等機関	N11

郵政省地方支分部局	N12
労働省	P10
労働省審議会等・施設等機関	P11
労働省地方支分部局	P12
中央労働委員会	P13
公共企業体等労働委員会	P15
建設省	R10
建設省審議会等・施設等機関・特別の機関	R11
建設省地方支分部局	R12
自治省	S10
自治省審議会等・施設等機関・特別の機関	S11
消防庁	S13
最高裁判所	W10
高等裁判所	W11
地方裁判所	W12
家庭裁判所	W13
日本専売公社	Y10
日本専売公社支社、地方局、工場等	Y11
日本国有鉄道	Y20
日本国有鉄道支社、地方局、工場等	Y21
日本電信電話公社	Y30
日本電信電話公社付属機関	Y31
日本電信電話公社地方機関	Y32
公団	Y40
事業団	Y50
公庫	Y60
基金	Y70
銀行	Y80
その他の政府関係機関	Y90

付録E

国立国会図書館分類表（大要）

A	政治・法律・行政	Politics. Law. Administration
B	議会資料	Parliamentary publications
C	法令資料	Legal materials
D	経済・産業	Economics. Industries
E	社会・労働	Social affairs. Labor
F	教育	Education
G	歴史・地理	History. Geography
H	哲学・宗教	Philosophy. Religion
K	芸術・言語・文学	The Arts. Language. Literature
M～S	科学技術	Science and technology
U	学術一般・ジャーナリズム・図書館・書誌	Learning in general. Journalism. Libraries. Bibliographies
V	特別コレクション	Special collections
W	古書・貴重書	Old and rare books
Y	児童図書・教科書・簡易整理資料・専門資料室資料・特殊資料	Children's books. Special materials
Z	逐次刊行物	Serial publications

＊国立国会図書館分類表は、当館のホームページで提供する予定である。

付録F－1

文字セット／コード
（ＥＢＣＤＩＣコード表）

2^7	2^6	2^5	2^4	2^3	2^2	2^1	2^0																	
									0	0	0	0	0	0	0	0	1	1	1	1	1	1	1	1
									0	0	0	0	1	1	1	1	0	0	0	0	1	1	1	1
									0	0	1	1	0	0	1	1	0	0	1	1	0	0	1	1
									0	1	0	1	0	1	0	1	0	1	0	1	0	1	0	1
				2^3	2^2	2^1	2^0	L＼H	0	1	2	3	4	5	6	7	8	9	A	B	C	D	E	F
				0	0	0	0	0	NUL				SP	&	－					{	}		$	0
				0	0	0	1	1							／		a	j		－	A	J		1
				0	0	1	0	2									b	k	s		B	K	S	2
				0	0	1	1	3									c	l	t		C	L	T	3
				0	1	0	0	4									d	m	u		D	M	U	4
				0	1	0	1	5									e	n	v		E	N	V	5
				0	1	1	0	6									f	o	w		F	O	W	6
				0	1	1	1	7									g	p	x		G	P	X	7
				1	0	0	0	8									h	q	y		H	Q	Y	8
				1	0	0	1	9								｀	i	r	z		I	R	Z	9
				1	0	1	0	A					〔	〕	|	：								
				1	0	1	1	B					．	￥	，	#								
				1	1	0	0	C					<	*	%	@								
				1	1	0	1	D		IS₃			(	)	＿	'								
				1	1	1	0	E		IS₂			+	;	>	=								
				1	1	1	1	F		IS₁			!	^	?	"								EO

〔注１〕　　(41)₁₆ ～ (FE)₁₆　　：　図形キャラクタ用に確保されたコード領域
　　　　　(00)₁₆ ～ (3F)₁₆　　：　機能キャラクタ用に確保されたコード領域
　　　　　(40)₁₆　　　　　　：　スペース（間隔）機能キャラクタ
　　　　　　　　　　　　　　　　または図形キャラクタ
　　　　　(FF)₁₆　　　　　　：　Eight Ones
〔注２〕　　(00)₁₆　　　　　　：　Null
　　　　　(1D)₁₆　　　　　　：　IS₃（レコード区分文字）
　　　　　(1E)₁₆　　　　　　：　IS₂（フィールド区分文字）
　　　　　(1F)₁₆　　　　　　：　IS₁（サブフィールド識別文字）

付録F-2

文字セット／コード
（漢字コード表）

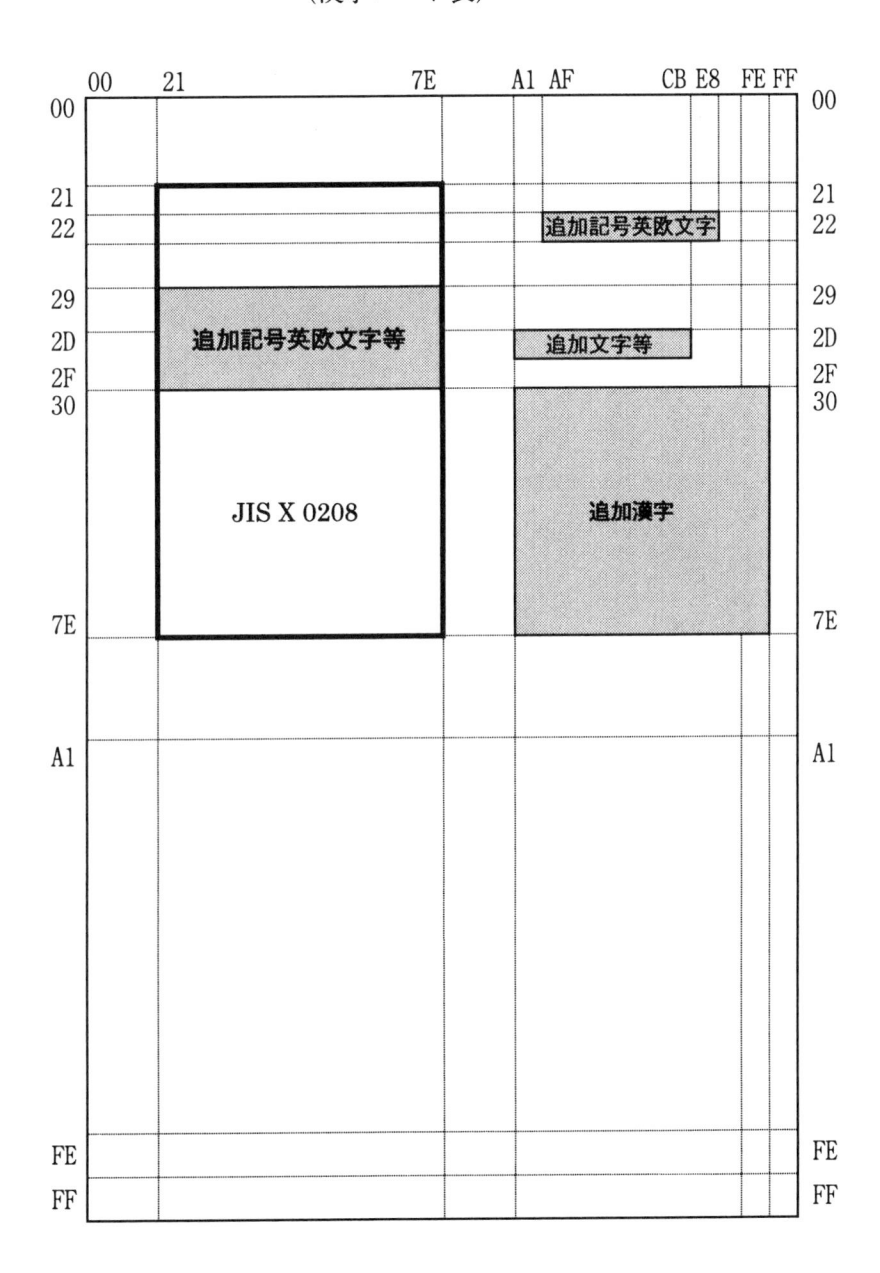

	00	21	7E	A1 AF	CB E8	FE FF	
00							00
21					追加記号英欧文字		21
22							22
29		追加記号英欧文字等			追加文字等		29
2D							2D
2F							2F
30		JIS X 0208			追加漢字		30
7E							7E
A1							A1
FE							FE
FF							FF

注）2231 //（ダブルスラッシュ）については、表中の追加記号英欧文字の範囲には入っていないが、JIS追加文字コードとして使用する。

付録G

追加文字一覧

　JIS X 0208-1990をベースとして、追加文字を定めている。2002年4月現在における追加文字の一覧を示す。配列はコード順である。

	JIS コード	文字	大漢和 検字番号		JIS コード	文字	大漢和 検字番号
1	2231	∥		36	2956	ⅵ	
2	22AF	¡		37	2957	ⅶ	
3	22B0	¿		38	2958	ⅷ	
4	22B2	∓		39	2959	ⅸ	
5	22B6	≦		40	295A	ⅹ	
6	22B7	≧		41	2960	Æ	
7	22BD	≢		42	2961	Đ	
8	22BF	Σ		43	2963	Ł	
9	22C1	∫		44	2964	Ø	
10	22C9	⊢		45	2965	Œ	
11	22CC	⊕		46	2967	Þ	
12	22CD	⊖		47	2968	Ơ	
13	22CE	⊗		48	2969	Ư	
14	22D8	⌊		49	2970	æ	
15	22DE	‴		50	2971	đ	
16	22E0	℧		51	2972	ð	
17	22E2	ℏ		52	2973	ł	
18	22E4	®		53	2974	ø	
19	22E7	↔		54	2975	œ	
20	22E8	⇌		55	2976	ß	
21	2941	Ⅰ		56	2977	þ	
22	2942	Ⅱ		57	2978	ơ	
23	2943	Ⅲ		58	2979	ư	
24	2944	Ⅳ		59	2A21	Á	
25	2945	Ⅴ		60	2A22	À	
26	2946	Ⅵ		61	2A23	Â	
27	2947	Ⅶ		62	2A24	Ä	
28	2948	Ⅷ		63	2A25	Ã	
29	2949	Ⅸ		64	2A26	Å	
30	294A	Ⅹ		65	2A27	Ă	
31	2951	ⅰ		66	2A28	Ç	
32	2952	ⅱ		67	2A29	É	
33	2953	ⅲ		68	2A2A	È	
34	2954	ⅳ		69	2A2B	Ê	
35	2955	ⅴ		70	2A2C	Ě	

	JIS コード	文字	大漢和 検字番号		JIS コード	文字	大漢和 検字番号
71	2A2D	Í		106	2A54	í	
72	2A2E	Ì		107	2A55	ì	
73	2A2F	Î		108	2A56	î	
74	2A30	Ï		109	2A57	ï	
75	2A31	Ñ		110	2A58	i̇	
76	2A32	Ó		111	2A59	ń	
77	2A33	Ò		112	2A5A	ñ	
78	2A34	Ô		113	2A5B	ň	
79	2A35	Ö		114	2A5C	ó	
80	2A36	Õ		115	2A5D	ò	
81	2A37	Ú		116	2A5E	ô	
82	2A38	Ù		117	2A5F	ö	
83	2A39	Û		118	2A60	õ	
84	2A3A	Ü		119	2A61	ȯ	
85	2A3B	Ů		120	2A62	ŕ	
86	2A3C	Ś		121	2A63	ř	
87	2A41	á		122	2A64	ś	
88	2A42	à		123	2A65	š	
89	2A43	â		124	2A66	ṣ	
90	2A44	ä		125	2A67	ť	
91	2A45	ã		126	2A68	t̕	
92	2A46	å		127	2A69	ṭ	
93	2A47	ă		128	2A6A	ú	
94	2A48	ạ		129	2A6B	ù	
95	2A49	ć		130	2A6C	û	
96	2A4A	č		131	2A6D	ü	
97	2A4B	ç		132	2A6E	ů	
98	2A4C	ď		133	2A6F	ű	
99	2A4D	đ		134	2A70	ý	
100	2A4E	é		135	2A71	ź	
101	2A4F	è		136	2A72	ž	
102	2A50	ê		137	2A73	ż	
103	2A51	ë		138	2DA1	청	
104	2A52	ě		139	2DA2	운	
105	2A53	ę		130	2DA3	바	

	JIS コード	文字	大漢和検字番号		JIS コード	文字	大漢和検字番号
131	2DA4	람		166	2DC7	아	
132	2DA5	수		167	2DC8	랑	
133	2DA6	유		168	2DC9	명	
134	2DA7	리		169	2DCA	인	
135	2DA8	나		170	2DCB	권	
136	2DA9	그		171	2E21	Ґ	
137	2DAA	네		172	2E22	ђ	
138	2DAB	과		173	2E23	є	
139	2DAC	학		174	2E24	ї	
140	2DAD	생		175	2E25	љ	
141	2DAE	활		176	2E26	њ	
142	2DAF	우		177	2E27	ћ	
143	2DB0	한		178	2E28	ў	
144	2DB1	글		179	2E29	џ	
145	2DB2	구		180	2E2A	ђ	
146	2DB3	국		181	2E2B	θ	
147	2DB4	전		182	2E2C	V	
148	2DB5	선		183	2E30	Č	
149	2DB6	서		184	2E31	Ё	
150	2DB7	울		185	2E51	ґ	
151	2DB8	싸		186	2E52	ђ	
152	2DB9	꽃		187	2E53	є	
153	2DBA	민		188	2E54	ї	
154	2DBB	도		189	2E55	љ	
155	2DBC	금		190	2E56	њ	
156	2DBD	라		191	2E57	ћ	
157	2DBE	이		192	2E58	ў	
158	2DBF	름		193	2E59	џ	
159	2DC0	힘		194	2E5A	ђ	
160	2DC1	해		195	2E5B	θ	
161	2DC2	협		196	2E5C	v	
162	2DC3	새		197	2E5D	ж	
163	2DC4	호		198	2E61	ā	
164	2DC5	맞		199	2E62	ṃ	
165	2DC6	사		200	2E63	ṣ	

157

	JIS コード	文字	大漢和 検字番号		JIS コード	文字	大漢和 検字番号
201	2E64	ŏ		236	2F41	⌐	
202	2E65	ŭ		237	2F42	≈	
203	2E66	ŋ̄		238	2F45	♯	
204	2E67	ū		239	2F46	♭	
205	2F21	①		240	2F48	♧	
206	2F22	②		241	2F49	♣	
207	2F23	③		242	2F4A	♡	
208	2F24	④		243	2F4B	♢	
209	2F25	⑤		244	2F4C	♤	
210	2F26	⑥		245	2F4D	♥	
211	2F27	⑦		246	2F4E	♦	
212	2F28	⑧		247	2F4F	♠	
213	2F29	⑨		248	2F50	✋	
214	2F2A	⑩		249	2F51	☺	
215	2F2B	Ⓐ		250	2F52	⌣	
216	2F2C	Ⓑ		251	2F53	☽	
217	2F2D	Ⓒ		252	2F54	⇒	
218	2F2E	Ⓓ		253	2F55	⇐	
219	2F2F	Ⓔ		254	30A1	仔	425
220	2F30	Ⓕ		255	30A2	侗	545
221	2F31	Ⓖ		256	30A3	佺	568
222	2F32	Ⓗ		257	30A4	倈	827
223	2F33	Ⓚ		258	30A5	倆	828
224	2F34	Ⓛ		259	30A6	偕	879
225	2F35	Ⓜ		260	30A7	儋	1195
226	2F36	Ⓝ		261	30A8	儛	1237
227	2F37	Ⓟ		262	30A9	宜	
228	2F38	Ⓡ		263	30AA	勔	2361
229	2F39	Ⓢ		264	30AB	厔	2930
230	2F3A	Ⓣ		265	30AC	厰	3008
231	2F3B	Ⓦ		266	30AD	段	3165
232	2F3C	Ⓧ		267	30AE	唅	3755
233	2F3D	Ⓨ		268	30AF	啐	3889
234	2F3E	Ⓩ		269	30B0	噶	4421
235	2F40	≃		270	30B1	囷	4708

	JIS コード	文字	大漢和 検字番号		JIS コード	文字	大漢和 検字番号
271	30B2	囻	4735	306	30D5	焱	19142
272	30B3	圯	4889	307	30D6	熤	19342
273	30B4	坨	5051	308	30D7	燁	19390
274	30B5	埈	5113	309	30D8	玫	20860
275	30B6	壓	5599	310	30D9	珍	20884
276	30B7	夌	5714	311	30DA	珹	20994
277	30B8	嬰	5737	312	30DB	琪	21067
278	30B9	夔	5747	313	30DC	瑄	21099
279	30BA	婌	6330	314	30DD	瑭	21161
280	30BB	婧	6433	315	30DE	璞	21201
281	30BC	峋	8028	316	30DF	璇	21203
282	30BD	崞	8267	317	30E0	瓚	21327
283	30BE	佲	8843	318	30E1	睟	23446
284	30BF	弢	9748	319	30E2	并	25728
285	30C0	彀	9844	320	30E3	笔	25888
286	30C1	彧	9983	321	30E4	筠	26032
287	30C2	徬	10109	322	30E5	簒	26697
288	30C3	旂	13638	323	30E6	紝	27297
289	30C4	昕	13817	324	30E7	穀	27780
290	30C5	昰	13860	325	30E8	狦	28632
291	30C6	晰	13954	326	30E9	罩	28769
292	30C7	晫	13976	327	30EA	俺	
293	30C8	枰	14580	328	30EB	瞀	29159
294	30C9	椋	14970	329	30EC	聿	29227
295	30CA	雈	15035	330	30ED	脍	29682
296	30CB	楸	15435	331	30EE	磊	30330
297	30CC	植	15449	332	30EF	荖	31388
298	30CD	櫟	15636	333	30F0	蒺	31622
299	30CE	樖	15643	334	30F1	萩	31773
300	30CF	氿	17102	335	30F2	蔆	32070
301	30D0	沆	17187	336	30F3	襲	
302	30D1	洑	17373	337	30F4	娶	34499
303	30D2	淲	17689	338	30F5	慇	34811
304	30D3	黎	17868	339	30F6	訣	35358
305	30D4	炽	19075	340	30F7	詫	

#	JIS コード	文字	大漢和 検字番号	#	JIS コード	文字	大漢和 検字番号
341	30F8	蹬	37854	376	31BD	竈	25601
342	30F9	躺	38110	377	31BE	霤	
343	30FA	迁	38720	378	31BF	譽	4586
344	30FB	郝	39430	379	31C0	菡	31193
345	30FC	鄺	39718	380	31C1	酡	39822
346	30FD	鍜	40323	381	31C2	鱲	47467
347	30FE	鈔	40174	382	31C4	嶸	8548
348	31A1	鍢	40392	383	31C5	淖	17639
349	31A2	鑑	40451	384	31C6	碪	24281
350	31A3	錀	40513	385	31C7	獮	20734
351	31A4	歟	41105	386	31C8	枒	14702
352	31A5	閞	41248	387	31C9	叉	
353	31A6	颷	43812	388	31CA	刁	1846
354	31A7	馰	45333	389	31CB	滯	17772
355	31A8	髹	45430	390	31CC	錍	40531
356	31A9	龗		391	31CD	郗	39413
357	31AA	厈		392	31CE	褆	24773
358	31AB	麖	47637	393	31CF	珆	20912
359	31AC	鼐	48321	394	31D0	咮	3489
360	31AD	㊙		395	31D1	晳	13991
361	31AE	雞	42124	396	31D2	撿	12779
362	31AF	拑	12041	397	31D3	顲	43599
363	31B0	哈	13843	398	31D4	橄	15556
364	31B1	晌	13903	399	31D5	榦	15257
365	31B2	灞	18814	400	31D6	あ	
366	31B3	澾		501	31D7	菀	31135
367	31B4	譈	32474	502	31D8	摹	12645
368	31B5	荸	31056	503	31D9	惕	10936
369	31B6	襷	34741	504	31DA	巇	8650
370	31B7	石	24028	505	31DB	㎜	
371	31B8	刕	1899	506	31DC	☒	
372	31B9	憁	19883	507	31DD	⊖	
373	31BA	鱷	46597	508	31DE	⊗	
374	31BB	䇹	8681	509	31DF	巴	
375	31BC	煆	19173	510	31E0	廗	9400

	JIS コード	文字	大漢和 検字番号		JIS コード	文字	大漢和 検字番号
511	31E1	翎	28663	536	32A8	悟	673
512	31E2	ぢ		537	32A9	俋	675
513	31E3	澍	18329	538	32AA	倮	797
514	31E4	僧	1087	539	32AB	偆	833
515	31E5	軌		540	32AC	傔	962
516	31E6	畝		541	32AD	傒	959
517	31E8	鋠	40475	542	32AE	僩	1122
518	31E9	嫺		543	32AF	儆	1187
519	31EA	鈿	40288	544	32B0	凬	1776
520	31EB	玗	20843	545	32B1	勆	48943
521	31EC	ぶ		546	32B2	勛	2402
522	31ED	ぴ		547	32B3	孳	9808
523	31EE	冐	13836	548	32B4	厲	3041
524	31EF	珵	21101	549	32B5	哆	3590
525	31F0	浣	17906	550	32B6	呹	3528
526	31F1	畹	21894	551	32B7	吒	3302
527	31F2	絜	27419	552	32B8	咩	3540
528	31F4	釭	40183	553	32B9	唎	3706
529	31F5	訷	35333	554	32BA	喆	3908
530	31F6	捥	12181	555	32BB	圕	4829'
531	31F7	眹		556	32BC	圩	5082
532	31F8	ヷ		557	32BD	埇	5112
533	31F9	濂	18226	558	32BE	埀	5190
534	31FA	洎	17369	559	32BF	堧	5263
535	31FB	柌	14596	560	32C0	堽	5427
536	31FC	$		561	32C1	塠	5433
537	31FD	乱	182	562	32C2	塼	5400
538	31FE	响	3457	563	32C3	墩	5470
539	32A1	丰	76	564	32C4	壗	5555
530	32A2	份	418	565	32C5	壔	5558
531	32A3	佔	510	566	32C6	妖	6073
532	32A4	佾	572	567	32C7	娌	6287
533	32A5	侗	601	568	32C8	仝	7874
534	32A6	俸	597	569	32C9	㞘	7925
535	32A7	侊	586	570	32CA	岷	8106

161

	JIS コード	文字	大漢和 検字番号		JIS コード	文字	大漢和 検字番号
571	32CB	崧	8209	606	32EE	椶	49171
572	32CC	嶠	8488	607	32EF	楨	15163
573	32CD	嶼	36448	608	32F0	槀	15299
574	32CE	嶹	8549	609	32F1	榀	15380
575	32CF	岻	8975	610	32F2	橅	15513
576	32D0	庚	9398	611	32F3	栅	15624
577	32D1	廋	9438	612	32F4	欐	15800
578	32D2	廐	9449	613	32F5	欒	15863
579	32D3	弇	9610	614	32F6	櫊	15971
580	32D4	忞	10350	615	32F7	毖	16750
581	32D5	岬	2862	616	32F8	氐	17027
582	32D6	惲	10857	617	32F9	汶	17168
583	32D7	愷	11015	618	32FA	泫	17319
584	32D8	招	12172	619	32FB	泚	17297
585	32D9	擋	12802	620	32FC	泠	17306
586	32DA	攫	12949	621	32FD	泖	17293
587	32DB	撯	12728	622	32FE	洄	17353
588	32DC	昇		623	33A1	洮	17408
589	32DD	昉	13796	624	33A2	涿	17609
590	32DE	昱	13862	625	33A3	浰	17489
591	32DF	曺		626	33A4	涬	17631
592	32E0	晛	13942	627	33A5	渼	17632
593	32E1	晱	13986	628	33A6	淩	17670
594	32E2	暲	14133	629	33A7	滇	18010
595	32E3	曈	14175	630	33A8	湗	17974
596	32E4	曬	14266	631	33A9	潩	18235
597	32E5	胚	29508	632	33AA	澈	18319
598	32E6	朳	14425	633	33AB	澧	18390
599	32E7	构	14523	634	33AC	漸	18415
600	32E8	枊	14609	635	33AD	灤	18833
601	32E9	枇	14592	636	33AE	灝	18811
602	32EA	桉	14763	637	33AF	猠	20579
603	32EB	窣	14869	638	33B0	焄	19069
604	32EC	梧	14918	639	33B1	煜	19207
605	32ED	楊	15058	640	33B2	輝	19174

	JIS コード	文字	大漢和 検字番号		JIS コード	文字	大漢和 検字番号
641	3 3 B 3	熒	19304	676	3 3 D 7	盒	23044
642	3 3 B 4	燾	19519	677	3 3 D 8	眄	23278
643	3 3 B 5	牖	19870	678	3 3 D 9	睆	23352
644	3 3 B 6	牘	19890	679	3 3 D A	磧	24396
645	3 3 B 7	牮	28445	680	3 3 D B	磦	24446
646	3 3 B 8	玗	20847	681	3 3 D C	磵	24479
647	3 3 B 9	珏	20871	682	3 3 D D	礙	24580
648	3 3 B A	玷	20895	683	3 3 D E	釉	24987
649	3 3 B B	珉	20916	684	3 3 D F	秭	25068
650	3 3 B C	珖	20942	685	3 3 E 0	稡	25131
651	3 3 B D	琇	21015	686	3 3 E 1	穄	25302
652	3 3 B E	琦	21062	687	3 3 E 2	龍	25705
653	3 3 B F	琬	21069	688	3 3 E 3	笪	25945
654	3 3 C 0	珮	21074	689	3 3 E 4	筏	25940
655	3 3 C 1	琨	21065	690	3 3 E 5	笪	26064
656	3 3 C 2	瑗	21122	691	3 3 E 6	簔	26308
657	3 3 C 3	璉	21206	692	3 3 E 7	篏	26428
658	3 3 C 4	璣	21253	693	3 3 E 8	秔	26924
659	3 3 C 5	璜	21242	694	3 3 E 9	糊	26980
660	3 3 C 6	璒	21227	695	3 3 E A	粕	27378
661	3 3 C 7	璟	21246	696	3 3 E B	絺	27471
662	3 3 C 8	璨	21270	697	3 3 E C	絆	27582
663	3 3 C 9	玆	20816	698	3 3 E D	緇	27653
664	3 3 C A	臥	49331	699	3 3 E E	芩	30724
665	3 3 C B	畯	21865	700	3 3 E F	芧	30717
666	3 3 C D	疪	22068	701	3 3 F 0	苕	30779
667	3 3 C E	痤	22221	702	3 3 F 1	苡	30845
668	3 3 C F	痺	22279	703	3 3 F 2	茉	30905
669	3 3 D 0	瘀	22292	704	3 3 F 3	苣	31046
670	3 3 D 1	瘙	22383	705	3 3 F 4	荺	31004
671	3 3 D 2	曷	14089	706	3 3 F 5	菜	31039
672	3 3 D 3	皡	22771	707	3 3 F 6	菓	31386
673	3 3 D 4	皛	22766	708	3 3 F 7	夔	31582
674	3 3 D 5	皕	22735	709	3 3 F 8	蕙	31968
675	3 3 D 6	太	1611	710	3 3 F 9	蕋	31976

	JIS コード	文字	大漢和 検字番号		JIS コード	文字	大漢和 検字番号
711	33FA	薩	32028	746	34BF	鉏	40297
712	33FB	蕺	32059	747	34C0	鉧	40266
713	33FC	蔔	32142	748	34C1	鈩	40280
714	33FD	蓆	32805	749	34C2	鈬	40308
715	33FE	虬	32805	750	34C3	銈	40365
716	34A1	閩	41315	751	34C4	鋌	40447
717	34A2	蟆	33563	752	34C5	銀	40506
718	34A3	蟫	33615	753	34C6	鋏	40600
719	34A4	袪	34220	754	34C7	鍥	40635
720	34A5	褚	34457	755	34C8	鎡	40728
721	34A6	襴	34534	756	34C9	鈿	40767
722	34A7	詹	35458	757	34CA	鏞	40808
723	34A8	覡	34869	758	34CB	鐺	40940
724	34A9	訐	35468	759	34CC	閆	41446
725	34AA	誾	35608	760	34CD	雩	42212
726	34AB	諶	35739	761	34CE	靆	
727	34AC	譴	35934	762	34CF	靺	43300
728	34AD	謠	35961	763	34D0	頮	43463
729	34AE	讖	36170	764	34D1	顗	43614
730	34AF	籠	36241	765	34D2	颷	43773
731	34B0	跎	37452	766	34D3	颶	43964
732	34B1	軺	38272	767	34D4	驚	44906
733	34B2	輜	38436	768	34D5	驎	44990
734	34B3	邢	39301	769	34D6	奭	45317
735	34B4	邠	39296	770	34D7	鬃	45470
736	34B5	鄖	39572	771	34D8	虞	45681
737	34B6	鄧	39630	772	34D9	韞	43191
738	34B7	鄭	39684	773	34DA	魵	46023
739	34B8	酖	39809	774	34DB	鮭	46071
740	34B9	黴	47754	775	34DC	鯒	46046
741	34BA	黹	47808	776	34DD	鰻	46307
742	34BB	釗	40158	777	34DE	鳩	46715
743	34BC	釵	40173	778	34DF	鴰	46857
744	34BD	釖	40186	779	34E0	鴲	46905
745	34BE	盍	22975	780	34E1	鵠	47003

	JIS コード	文字	大漢和 検字番号		JIS コード	文字	大漢和 検字番号
781	3 4 E 2	鶲	47290	816	3 5 A 7	遶	38986
782	3 4 E 3	鷁	47488	817	3 5 A 8	拼	12012
783	3 4 E 4	蹉	47563	818	3 5 A 9	崢	25791
784	3 4 E 5	獐	20643	819	3 5 A A	斷	48600
785	3 4 E 6	麤	47714	820	3 5 A B	奝	13459
786	3 4 E 7	龑	48837	821	3 5 A C	炁	18891
787	3 4 E 8	梗	15165	822	3 5 A D	絲	27856
788	3 4 E 9	戔		823	3 5 A E	歒	16200
789	3 4 E A	渢	17766	824	3 5 A F	筯	25988
790	3 4 E B	華	30880	825	3 5 B 0	鷲	47289
791	3 4 E C	咊	3545	826	3 5 B 1	宂	7180
792	3 4 E D	妊	6051	827	3 5 B 2	琰	21073
793	3 4 E E	瀇	18750	828	3 5 B 3	鍳	40508
794	3 4 E F	軛	38357	829	3 5 B 4	ヱ	
795	3 4 F 0	你	471	830	3 5 B 5	叀	3083
796	3 4 F 1	昊	13753	831	3 5 B 6	蔫	31837
797	3 4 F 2	玕	20845	832	3 5 B 9	絓	27403
798	3 4 F 3	騕	44870	833	3 5 B A	岈	7921
799	3 4 F 4	祜	24671	834	3 5 B B	滲	18406
800	3 4 F 5	氾	17135	835	3 5 B C	鏢	40813
801	3 4 F 6	鼎	48318	836	3 5 B D	摘	12587
802	3 4 F 7	釗	40456	837	3 5 B E	炫	18948
803	3 4 F 8	朓	14358	838	3 5 B F	鑫	41040
804	3 4 F 9	凩	25723	839	3 5 C 0	秈	24927
805	3 4 F A	笑	25961	840	3 5 C 1	偰	893
806	3 4 F B	楣	15155	841	3 5 C 2	痤	22395
807	3 4 F C	鍋	40512	842	3 5 C 3	純	31545
808	3 4 F D	珩	20971	843	3 5 C 4	瓚	21307
809	3 4 F E	憃	11308	844	3 5 C 5	他	10044
810	3 5 A 1	樾	15502	845	3 5 C 6	籽	28903
811	3 5 A 2	呷	3579	846	3 5 C 7	蹟	16335
812	3 5 A 3	嚞	4528	847	3 5 C 8	唠	3689
813	3 5 A 4	涬	17578	848	3 5 C 9	衰	34299
814	3 5 A 5	擎	12385	849	3 5 C A	茒	30749
815	3 5 A 6	忎	10453	850	3 5 C B	靚	42575

165

№	JIS コード	文字	大漢和 検字番号	№	JIS コード	文字	大漢和 検字番号
851	35CC	匐	2524	886	35F0	寗	12859
852	35CD	潞	18243	887	35F1	弱	9725
853	35CE	贏	33685	888	35F2	娩	6333
854	35CF	蜓	33120	889	35F3	瀾	18349
855	35D0	徧	10174	890	35F4	薜	31544
856	35D1	琑		891	35F5	鉊	40291
857	35D2	ギ		892	35F6	腊	29614
858	35D3	鎖	41000	893	35F7	埃	5253
859	35D4	罇	28175	894	35F8	箆	
860	35D5	佟	580	895	35F9	仿	420
861	35D6	堅	6994	896	35FA	嗄	4184
862	35D7	悥	10617	897	35FB	㋕	
863	35D8	永	17086	898	35FC	陘	41819
864	35D9	洰	17317	899	35FD	劦	2307
865	35DA	潼	18115	900	35FE	雺	42233
866	35DB	炦	18854	901	36A1	石	
867	35DC	癭	22630	902	36A2	鑲	41053
868	35DD	礤	24556	903	36A3	玫	20874
869	35DE	穮	25108	904	36A4	叄	273
870	35DF	站	32961	905	36A5	伽	743
871	35E0	蟴	33578	906	36A6	倶	
872	35E1	邧	39300	907	36A7	魕	2458
873	35E2	錡	40560	908	36A8	呌	3422
874	35E4	掄	12238	909	36A9	奭	6002
875	35E5	姣	6214	910	36AA	㚑	9971
876	35E6	誡	35737	911	36AB	惊	10718
877	35E7	玕	20892	912	36AC	揔	12596
878	35E8	隄	41740	913	36AD	據	12932
879	35E9	嫣	6720	914	36AF	暳	14153
880	35EA	涂	17518	915	36B0	枆	14726
881	35EB	樸	15725	916	36B1	棨	14965
882	35EC	茊	30984	917	36B2	樑	15544
883	35ED	似	6177	918	36B3	氬	17075
884	35EE	胏	29352	919	36B4	泩	17218
885	35EF	晥	13957	920	36B5	洞	17265

	JISコード	文字	大漢和検字番号		JISコード	文字	大漢和検字番号
921	36B6	淫	17526	956	36D9	岺	8010
922	36B7	滑	17829	957	36DA	鹹	46200
923	36B8	潢	18251	958	36DB	蓀	31635
924	36B9	瀁	18594	959	36DC	儍	1170
925	36BA	珣	20962	960	36DD	筲	26077
926	36BB	琛	21049	961	36DE	理	20988
927	36BC	琯	21072	962	36DF	悊	10637
928	36BD	瑛	21109	963	36E0	鈔	40325
929	36BE	瑤	21157	964	36E1	愰	10995
930	36BF	璨	21324	965	36E2	惕	10803
931	36C0	瀋	22784	966	36E3	譆	35938
932	36C1	竝	25735	967	36E4	卡	2781
933	36C2	崢	28640	968	36E5	淄	17616
934	36C3	芮	30731	969	36E6	烋	24941
935	36C4	苒	30801	970	36E7	掇	12241
936	36C5	荃	30934	971	36E8	﨑	
937	36C6	蘀	32408	972	36E9	颸	43862
938	36C7	袾	34254	973	36EA	㊅	
939	36C8	鰥		974	36EB	芷	30740
940	36C9	适	38844	975	36EC	芃	30662
941	36CA	邈	39198	976	36ED	陏	41601
942	36CB	鋬	40441	977	36EE	濳	18409
943	36CC	陽	41824	978	36EF	陎	
944	36CD	靜	43290	979	36F0	喬	
945	36CE	頋	43370	980	36F1	鱏	46519
946	36CF	髻	45597	981	36F2	㊑	
947	36D0	鯪	46122	982	36F3	熞	
948	36D1	鯠	46454	983	36F4	瑢	21146
949	36D2	鰫	46496	984	36F5	嶘	8464
950	36D3	鵂	46890	985	36F6	㊓	
951	36D4	㊐		986	36F7	逸	38924
952	36D5	抱	12105	987	36F8	呿	3475
953	36D6	跆	37432	988	36F9	垁	
954	36D7	奝	5944	989	36FA	稽	25342
955	36D8	裱	34353	990	36FB	毱	16865

167

	JIS コード	文字	大漢和 検字番号		JIS コード	文字	大漢和 検字番号
991	36FC	碤	24328	1026	37C1	礽	24629
992	36FD	睃	13939	1027	37C2	魸	45969
993	36FE	㊎		1028	37C3	璐	21225
994	37A1	丫		1029	37C4	詰	35346
995	37A2	虫	22958	1030	37C5	㊴	
996	37A3	醮	40031	1031	37C6	赴	
997	37A4	権	15283	1032	37C7	忉	10301
998	37A5	氂	6655	1033	37C8	佬	
999	37A6	躃	43176	1034	37C9	㊊	
1000	37A7	糀	27071	1035	37CA	瑋	21107
1001	37A8	鈴	40223	1036	37CB	瓆	21361
1002	37A9	凛	18377	1037	37CC	顗	43682
1003	37AA	衞	32422	1038	37CD	㊁	
1004	37AB	囍		1039	37CE	睥	23423
1005	37AC	斬	42728	1040	37CF	萑	31272
1006	37AD	擴	12787	1041	37D0	众	453
1007	37AE	联		1042	37D1	毲	8272
1008	37AF	釠	40166	1043	37D2	詵	35448
1009	37B0	稆	25099	1044	37D3	屜	3018
1010	37B1	憇	11174	1045	37D4	鄺	39711
1011	37B2	㊂		1046	37D5	峽	7959
1012	37B3	憭	11258	1047	37D6	頓	43391
1013	37B4	滲	19354	1048	37D7	俏	857
1014	37B5	斯		1049	37D8	㊉	
1015	37B6	貏	36555	1050	37D9	荗	30904
1016	37B7	詨	35659	1051	37DA	穭	25364
1017	37B8	爁		1052	37DB	晭	13981
1018	37B9	涂		1053	37DC	樫	15427
1019	37BA	結		1054	37DD	荐	30942
1020	37BB	啷		1055	37DE	倢	784
1021	37BC	𣲅	36191	1056	37DF	繡	27562
1022	37BD	驎	8477	1057	37E0	儸	1313
1023	37BE	伮	571	1058	37E1	妮	6123
1024	37BF	㊕		1059	37E2	笛	25973
1025	37C0	梥	21078	1060	37E3	偸	829

	JIS コード	文字	大漢和 検字番号		JIS コード	文字	大漢和 検字番号
1061	3 7 E 4	撫	12624	1096	3 8 A 9	傪	992
1062	3 7 E 5	廹		1097	3 8 A A	趆	37092
1063	3 7 E 6	漆		1098	3 8 A B	胒	
1064	3 7 E 7	㊟		1099	3 8 A C	舺	30477
1065	3 7 E 8	椣	15157	1100	3 8 A D	颿	43888
1066	3 7 E 9	苉	30748	1101	3 8 A E	猨	20525
1067	3 7 E A	齎		1102	3 8 A F	㊟	
1068	3 7 E B	捷	12409	1103	3 8 B 0	衹	
1069	3 7 E C	嬡	22793	1104	3 8 B 1	翟	28727
1070	3 7 E D	㊟		1105	3 8 B 2	椵	15076
1071	3 7 E E	晗	13933	1106	3 8 B 3	龐	48824
1072	3 7 E F	磐	24442	1107	3 8 B 4	楉	15111
1073	3 7 F 0	㊟		1108	3 8 B 5	剢	
1074	3 7 F 1	甀		1109	3 8 B 6	佘	514
1075	3 7 F 2	芎	30678	1110	3 8 B 7	⬠	
1076	3 7 F 3	唉	3816	1111	3 8 B 8	戩	11617
1077	3 7 F 4	萁	31248	1112	3 8 B 9	橄	
1078	3 7 F 5	磆	24367	1113	3 8 B A	㊟	
1079	3 7 F 6	渥	17847	1114	3 8 B B	賰	36855
1080	3 7 F 7	焞	19107	1115	3 8 B C	俤	
1081	3 7 F 8	澔	18338	1116	3 8 B D	熜	43136
1082	3 7 F 9	鴗	25781	1117	3 8 B E	睉	23303
1083	3 7 F A	剡	2059	1118	3 8 B F	㊟	
1084	3 7 F B	繪	27963	1119	3 8 C 0	窔	7198
1085	3 7 F C	琓		1120	3 8 C 1	蛦	33030
1086	3 7 F D	峡		1121	3 8 C 2	厎	
1087	3 7 F E	誧	35552	1122	3 8 C 3	酡	
1088	3 8 A 1	醫	39942	1123	3 8 C 4	粉	24943
1089	3 8 A 2	㊟		1124	3 8 C 5	傒	10204
1090	3 8 A 3	濇		1125	3 8 C 6	柀	14598
1091	3 8 A 4	炷	18965	1126	3 8 C 7	薾	45690
1092	3 8 A 5	犍	20078	1127	3 8 C 8	羂	
1093	3 8 A 6	齠	39461	1128	3 8 C 9	囻	4773
1094	3 8 A 7	垛	5182	1129	3 8 C A	裸	
1095	3 8 A 8	炻		1130	3 8 C B	籔	15492

No.	JIS コード	文字	大漢和 検字番号	No.	JIS コード	文字	大漢和 検字番号
1131	38CC	胭	29426	1166	38F1	隤	36887
1132	38CD	渲	17786	1167	38F2	鄆	39385
1133	38CE	咽		1168	38F3	雯	42230
1134	38CF	洘		1169	38F4	躬	38089
1135	38D0	励	2304	1170	38F5	戈	11542
1136	38D1	閏	41243	1171	38F6	倍	873
1137	38D2	卣	2791	1172	38F7	棐	14927
1138	38D3	崐	8172	1173	38F8	椩	15650
1139	38D4	涑	17375	1174	38F9	澗	18253
1140	38D5	嶧	8502	1175	38FA	姝	6206
1141	38D6	嗎	4065	1176	38FB	珎	
1142	38D7	帕	8848	1177	38FC	翱	28810
1143	38D8	凾		1178	38FD	敷	13406
1144	38D9	昞	23256	1179	38FE	宓	7098
1145	38DA	蘁	32334	1180	39A1	伶	401
1146	38DB	舲	30393	1181	39A2	垎	
1147	38DC	閌	41241	1182	39A3	刋	10305
1148	38DD	悉	10355	1183	39A4	㊜	
1149	38DE	漪	18164	1184	39A5	蚜	32882
1150	38DF	夳		1185	39A6	奈	7517
1151	38E0	桃	14758	1186	39A7	芊	30669
1152	38E1	栱	14732	1187	39A8	琮	21071
1153	38E2	鐓	40853	1188	39A9	椿	15398
1154	38E3	瑷	21267	1189	39AB	鋁	40571
1155	38E4	釿	40216	1190	39AC	孽	7047
1156	38E5	籮	26805	1191	39AD	焱	20469
1157	38E6	叚	14007	1192	39AE	颶	43965
1158	38E7	璠	21247	1193	39AF	阜	22684
1159	38E8	臍	29977	1194	39B0	舢	30370
1160	38E9	蕙	32402	1195	39B1	鄢	39570
1161	38EA	唵	3770	1196	39B2	壚	5586
1162	38EB	嚩	4561	1197	39B3	坶	4993
1163	38EC	嗻	4353	1198	39B4	㊝	
1164	38ED	涀	17514	1199	39B5	咖	3523
1165	38EE	燄	19395	1200	39B6	喱	4019

170

	JIS コード	文字	大漢和 検字番号		JIS コード	文字	大漢和 検字番号
1201	39B7	吧	3341	1236	39DA	埞	21031
1202	39B8	桙	14867	1237	39DB	栠	14685
1203	39B9	朳	14555	1238	39DC	訴	35271
1204	39BA	歡	16228	1239	39DD	臕	7351
1205	39BB	醗	40001	1240	39DE	滿	31921
1206	39BC	箂	25981	1241	39DF	坎	5180
1207	39BD	楎	15472	1242	39E0	臻	
1208	39BE	艢	35198	1243	39E1	间	
1209	39BF	莉	31134	1244	39E2	议	
1210	39C0	攖	12986	1245	39E3	蓤	31453
1211	39C1	椋		1246	39E4	粼	26991
1212	39C2	根	14848	1247	39E5	鱒	46568
1213	39C3	穢	25324	1248	39E6	圣	4873
1214	39C4	畲	21860	1249	39E7	誩	42573
1215	39C5	囉	14631	1250	39E8	垸	5090
1216	39C6	癋	22480	1251	39E9	絆	27639
1217	39C7	璀	21248	1252	39EA	桦	14735
1218	39C8	岭	7993	1253	39EB	爰	2593
1219	39C9	池	38728	1254	39EC	叕	3157
1220	39CA	曜	23806	1255	39ED	埈	21008
1221	39CB	戀	11525	1256	39EE	屿	7970
1222	39CC	睪	23466	1257	39EF	嶁	8408
1223	39CD	伋	433	1258	39F0	膌	36878
1224	39CE	瀅	18587	1259	39F1	埔	5419
1225	39CF	蕙		1260	39F2	貟	36659
1226	39D0	橨	15821	1261	39F4	軕	
1227	39D1	邑	39277	1262	39F5	鼉	48306
1228	39D2	澍	17646	1263	39F6	磠	24490
1229	39D3	帘	8851	1264	39F7	莑	20154
1230	39D4	鄃	39686	1265	39F8	岩	7981
1231	39D5	达	38717	1266	39F9	嶦	8501
1232	39D6	圳	4894	1267	39FA	廻	
1233	39D7	埤	5167	1268	39FB	鞣	
1234	39D8	苁	7833	1269	39FC	沅	17186
1235	39D9	驊	44982	1270	39FD	徜	10149

	JIS コード	文字	大漢和 検字番号		JIS コード	文字	大漢和 検字番号
1271	39FE	袢	10094	1306	3AC5	筦	26057
1272	3AA1	襻	30529	1307	3AC6	倶	761
1273	3AA2	㋐		1308	3AC7	歳	
1234	3AA3	蝶	33163	1309	3AC8	㋭	
1275	3AA4	蕹		1310	3AC9	崴	31456
1276	3AA5	今		1311	3ACA	茵	
1277	3AA6	㋛		1312	3ACB	滸	18308
1278	3AA7	鞣	15514	1313	3ACC	儜	1093
1279	3AA8	鄒	39476	1314	3ACE	㋳	
1280	3AA9	岐	7151	1315	3ACF	浐	17542
1281	3AAA	㋞		1316	3AD0	玹	20898
1282	3AAB	姮	6232	1317	3AD1	忕	10385
1283	3AAC	鈺	40273	1318	3AD2	伒	641
1284	3AAD	矵	2322	1319	3AD3	鋏	40283
1285	3AAE	蔣	8429	1320	3AD4	蓬	
1286	3AAF	㋡		1321	3AD5	簏	26458
1287	3AB0	枅	14483	1322	3AD6	鄡	39655
1288	3AB1	桼	25056	1323	3AD7	颺	43909
1289	3AB2	㋤		1324	3AD8	嚌	4634
1290	3AB3	鄁	39658	1325	3AD9	恭	
1291	3AB4	俶	13222	1326	3ADA	弘	7104
1292	3AB5	滇	17849	1327	3ADB	椑	14874
1293	3AB6	㋢		1328	3ADC	㋕	
1294	3AB7	㋮		1329	3ADD	淏	17513
1295	3AB8	佘	5863	1330	3ADE	夐	
1296	3AB9	㋻		1331	3ADF	祇	24637
1297	3ABA	佐		1332	3AE0	漢	17796
1298	3ABB	紃	27248	1333	3AE1	㋾	
1299	3ABE	浞	17457	1334	3AE2	傻	1034
1300	3ABF	許	35392	1335	3AE3	霾	42531
1301	3AC0	煒	19189	1336	3AE4	怔	10445
1302	3AC1	㋿		1337	3AE5	賷	
1303	3AC2	皀		1338	3AE6	魁	
1304	3AC3	旂	13709	1339	3AE7	礅	22792
1305	3AC4	鎖	40568	1340	3AE8	函	

	JIS コード	文字	大漢和 検字番号		JIS コード	文字	大漢和 検字番号
1341	3AE9	熠	19333	1376	3BB3	稞	25126
1342	3AEA	鏊	40823	1377	3BB4	㋵	
1343	3AEB	鷉	47059	1378	3BB5	鑒	
1344	3AEC	们		1379	3BB6	胵	29384
1345	3AED	汉		1380	3BB7	鑠	40973
1346	3AEE	药		1381	3BB8	捃	12125
1347	3AEF	丛		1382	3BB9	蠆	33694
1348	3AF0	书		1383	3BBA	靴	38401
1349	3AF1	董	31732	1384	3BBB	檩	15953
1350	3AF2	寪	7343	1385	3BBC	漳	
1351	3AF3	猰	20431	1386	3BBD	癧	22631
1352	3AF4	曘	14135	1387	3BBE	窠	
1353	3AF5	巛		1388	3BBF	珓	20857
1354	3AF6	翏	28665	1389	3BC0	掞	12270
1355	3AF7	偏	961	1390	3BC1	塢	
1356	3AF8	焆	19073	1391	3BC2	秔	24954
1357	3AF9	胳	29434	1392	3BC3	鏻	40854
1358	3BA1	圫		1393	3BC4	奸	
1359	3BA2	眙	23227	1394	3BC5	鎞	40621
1360	3BA3	ɛ̃		1395	3BC6	鉑	40299
1361	3BA4	㋕		1396	3BC7	巘	8651
1362	3BA5	懥		1397	3BC8	犎	7035
1363	3BA6	鱔	46499	1398	3BC9	曛	14224
1364	3BA7	㋺		1399	3BCA	販	13789
1365	3BA8	彤	9972	1400	3BCB	頮	43479
1366	3BA9	烺	19053	1401	3BCD	璩	21271
1367	3BAA	坥	5360	1402	3BCE	橧	15675
1368	3BAB	苠		1403	3BCF	釫	40184
1369	3BAC	霦	42415	1404	3BD0	敎	
1370	3BAD	穟	25249	1405	3BD1	椙	
1371	3BAE	陊		1406	3BD2	瑾	21368
1372	3BAF	催	963	1407	3BD3	箳	
1373	3BB0	槑	15324	1408	3BD4	譽	35650
1374	3BB1	倧	759	1409	3BD5	茳	30826
1375	3BB2	硈	24165	1410	3BD6	灘	

173

	JIS コード	文字	大漢和 検字番号
1411	3BD7	祢	24666
1412	3BD8	⿸疒夾	22044
1413	3BD9	呢	3430
1414	3BDA	鐟	41008
1415	3BDB	耷	29011
1416	3BDC	薿	32219
1417	3BDD	⿱宀隆	7328
1418	3BDE	弈	
1419	3BDF	梁	
1420	3BE0	閟	
1421	3BE1	棔	15215
1422	3BE2	諗	35660
1423	3BE3	獚	20527
1424	3BE4	釚	40161
1425	3BE6	茆	
1426	3BE7	涪	17575
1427	3BE8	啚	3829
1428	3BE9	ド	
1429	3BEA	辛	38631
1430	3BEC	磺	24487
1431	3BED	溱	
1432	3BEE	藺	
1433	3BEF	匀	2497
1434	3BF0	⿰舟壽	
1435	3BF1	帮	
1436	3BF2	(近)	
1437	3BF3	磎	24399
1438	3BF4	鋗	40463
1439	3BF5	贛	36984
1440	3BF6	⿰日生	21676
1441	3BF7	螘	33415
1442	3BF8	倞	780
1443	3BF9	駠	
1444	3BFB	洦	17397
1445	3BFC	洯	17409
1446	3BFD	霽	
1447	3BFE	(禁)	
1448	3CA1	槤	15356
1449	3CA2	檞	15679
1450	3CA3	崆	8146
1451	3CA4	峒	8038
1452	3CA5	罡	28250
1453	3CA6	瑝	21130
1454	3CA7	澩	18395
1455	3CA8	(危)	
1456	3CA9	M⃛	
1457	3CAA	隶	41923
1458	3CAB	磷	24481
1459	3CAC	⿰王敢	21266
1460	3CAD	⿰酉垂	
1461	3CAE	碞	24315
1462	3CAF	璁	
1463	3CB0	ヺ	
1464	3CB1	墼	5426
1465	3CB2	葏	31398
1466	3CB3	穟	25315
1467	3CB4	穌	25263
1468	3CB5	儛	
1469	3CB6	嗄	4047
1470	3CB7	兊	1351
1471	3CB8	呂	
1472	3CB9	鈁	40205
1473	3CBA	苾	30828
1474	3CBB	輭	38412
1475	3CBC	澥	18387
1476	3CBD	璆	21202
1477	3CBE	瞪	23689
1478	3CBF	蠲	33873
1479	3CC0	摀	12716
1480	3CC1	騖	44845

	JISコード	文字	大漢和検字番号		JISコード	文字	大漢和検字番号
1481	3CC2	笘	26190	1516	3CE5	啡	3874
1482	3CC3	煕	1721	1517	3CE6	喈	3910
1483	3CC4	圠	4988	1518	3CE7	嘐	4194
1484	3CC5	坻	5001	1519	3CE8	噉	4299
1485	3CC6	駟	44732	1520	3CE9	喩	4310
1486	3CC7	䮛	47012	1521	3CEA	僞	1189
1487	3CC8	疏		1522	3CEB	則	2039
1488	3CC9	侚	604	1523	3CEC	副	2079
1489	3CCA	覯	34952	1524	3CED	勑	2335
1490	3CCB	屄	11742	1525	3CEE	卬	2841
1491	3CCC	擎	12808	1526	3CEF	厑	
1492	3CCD	虓	19092	1527	3CF0	埭	5179
1493	3CCE	襄	34315	1528	3CF1	塋	5208
1494	3CCF	錞	40557	1529	3CF2	壏	5401
1495	3CD0	迨	38791	1530	3CF3	壎	5546
1496	3CD1	埥	5214	1531	3CF4	媳	6573
1497	3CD2	靭	38190	1532	3CF5	宧	7193
1498	3CD3	歆	16067	1533	3CF6	峉	8022
1499	3CD4	紋	27345	1534	3CF7	崝	8196
1500	3CD5	浴		1535	3CF8	崦	8208
1501	3CD6	㋡		1536	3CF9	嵓	8239
1502	3CD7	㊒		1537	3CFA	幧	4555
1503	3CD8	赳	37095	1538	3CFB	咻	
1504	3CD9	債	1098	1539	3CFC	嘻	
1505	3CDA	瞌	23570	1540	3CFD	哣	
1506	3CDB	堅		1541	3CFE	圊	4797
1507	3CDC	萁	31640	1542	3DA1	戡	11637
1508	3CDD	茢		1543	3DA2	扙	11837
1509	3CDE	燹	19561	1544	3DA3	搢	12494
1510	3CDF	褯	34643	1545	3DA4	擷	12900
1511	3CE0	叕	3139	1546	3DA5	攽	13173
1512	3CE1	呦	3437	1547	3DA6	斀	13431
1513	3CE2	哺	3486	1548	3DA7	旔	13679
1514	3CE3	呼	3673	1549	3DA8	晫	13980
1515	3CE4	啊	3808	1550	3DA9	晛	13989

	JIS コード	文字	大漢和 検字番号		JIS コード	文字	大漢和 検字番号
1551	3DAA	業	8506	1586	3DCD	熤	19371'
1552	3DAB	痟	10112	1587	3DCE	犠	19472
1553	3DAC	体	10467	1588	3DCF	爟	19617
1554	3DAD	惋	10771	1589	3DD0	爹	19727
1555	3DAE	憨	11244	1590	3DD1	牸	20012
1556	3DAF	戣	11622	1591	3DD2	査	5888
1557	3DB0	梶	15256	1592	3DD3	獃	20599
1558	3DB1	榭	15272	1593	3DD4	珥	20837
1559	3DB2	櫚	15529	1594	3DD5	珆	20903
1560	3DB3	佩	851	1595	3DD6	珋	20918
1561	3DB4	坭	4981	1596	3DD7	珜	20923
1562	3DB5	椴	15764	1597	3DD8	珺	20997
1563	3DB6	櫧	15843	1598	3DD9	瑀	21095
1564	3DB7	棳		1599	3DDA	瑇	21218
1565	3DB8	殂	16408	1600	3DDB	瑱	21167
1566	3DB9	汒	17208	1601	3DDC	璘	21236
1567	3DBA	甚	14014	1602	3DDE	璅	21273
1568	3DBB	呑	7853	1603	3DDF	砥	24087
1569	3DBC	顬	48894	1604	3DE0	晵	14071
1570	3DBD	昇		1605	3DE1	璿	21311
1571	3DBE	移	14696	1606	3DE2	瓵	21534
1572	3DBF	楻	14978	1607	3DE3	叕	21817
1573	3DC0	洤	17395	1608	3DE4	晶	21924
1574	3DC1	洹	17421	1609	3DE5	铨	2002
1575	3DC2	浹	17546	1610	3DE6	瘥	22412
1576	3DC3	潟	18238	1611	3DE7	瘵	22440
1577	3DC4	澐	18334	1612	3DE8	皠	22776
1578	3DC5	澶	18416	1613	3DE9	眛	23289
1579	3DC6	茨	18920	1614	3DEA	蠊	33701
1580	3DC7	炿	18939	1615	3DEB	綃	27485
1581	3DC8	烜	19018	1616	3DEC	觀	34996
1582	3DC9	烶	19046	1617	3DED	釢	
1583	3DCA	焃	19137	1618	3DEE	馴	44585
1584	3DCB	煊	19179	1619	3DEF	瞔	23778
1585	3DCC	煑	19187	1620	3DF0	曠	23788

	JIS コード	文字	大漢和 検字番号		JIS コード	文字	大漢和 検字番号
1621	3DF1	矱	24020	1656	3EB7	粐	28945
1622	3DF2	砿	24108	1657	3EB8	臕	
1623	3DF3	砡	24110	1658	3EB9	艫	30579
1624	3DF4	硃	24147	1659	3EBA	瞶	23618
1625	3DF5	碬	24341	1660	3EBB	讛	36168
1626	3DF6	磕	24407	1661	3EBC	卜	
1627	3DF7	禕	24775	1662	3EBD	俅	668
1628	3DF8	魁	28454	1663	3EBE	葙	31414
1629	3DF9	秸	25064	1664	3EBF	栻	14748
1630	3DFA	秭	25079	1665	3EC0	蕢	31651
1631	3DFB	穏	25268	1666	3EC1	蔀	31791
1632	3DFC	穵	25407	1667	3EC2	蕓	31958
1633	3DFD	窊	25467	1668	3EC3	薏	32106
1634	3DFE	麁	26132	1669	3EC4	蘐	32116
1635	3EA1	窠	25645	1670	3EC5	麈	32212
1636	3EA2	堀	25784	1671	3EC6	蒩	31270
1637	3EA3	埠	25786	1672	3EC7	蘗	32512
1638	3EA4	管	25928	1673	3EC8	魃	32725
1639	3EA5	箄	26111	1674	3EC9	虢	32742
1640	3EA6	篆	26227	1675	3ECA	燈	
1641	3EA7	篋	26448	1676	3ECB	芪	30791
1642	3EA8	簠	26517	4677	3ECC	茀	30831
1643	3EA9	篤	26627	1678	3ECD	苗	30832
1644	3EAA	籛	26741	1679	3ECE	荇	31076
1645	3EAB	籥		1680	3ECF	菐	31152
1646	3EAC	紑	27273	1681	3ED0	訡	35269
1647	3EAD	紈	27247	1682	3ED1	詾	35354
1648	3EAE	緶	27489	1683	3ED2	註	35466
1649	3EAF	綦	27555	1684	3ED3	諸	35595
1650	3EB0	緗	27636	1685	3ED4	諑	35826
1651	3EB1	繮	27949	1686	3ED5	譔	35968
1652	3EB2	絅		1687	3ED6	讕	36142
1653	3EB3	纛	28744	1688	3ED7	起	37090
1654	3EB4	棗		1689	3ED8	跬	37520
1655	3EB6	罾	28778	1690	3ED9	軏	38183

	JISコード	文字	大漢和検字番号		JISコード	文字	大漢和検字番号
1691	3EDA	蠏	33529	1726	3EFE	銋	40449
1692	3EDB	蟢	33610	1727	3FA1	鈠	40459
1693	3EDC	衍	34034	1728	3FA2	銷	40463
1694	3EDD	襜	34641	1729	3FA3	鋻	40466
1695	3EDE	尋	34804	1730	3FA4	鋥	40483
1696	3EDF	訩	35237	1731	3FA5	薨	32254
1697	3EE0	鉏	40261	1732	3FA6	鍾	40556
1698	3EE1	鈰	40262	1733	3FA7	舘	40570
1699	3EE2	鉎	40276	1734	3FA8	鍭	40644
1700	3EE3	鈐	40282	1735	3FA9	鍷	40657
1701	3EE4	銈	40296	1736	3FAA	鏇	40778
1702	3EE5	鉖	40304	1737	3FAB	鑅	40851
1703	3EE6	鈇	40315	1738	3FAC	嘆	14138
1704	3EE7	鉡	40316	1739	3FAD	鑫	40934
1705	3EE8	鈏	40321	1740	3FAE	汱	17119
1706	3EE9	鉼	40351	1741	3FAF	鑽	40977
1707	3EEA	迬	38801	1742	3FB0	鏋	40783
1708	3EEB	邙	39282	1743	3FB1	鐏	
1709	3EEC	鄭	39516	1744	3FB2	鋽	
1710	3EED	釖		1745	3FB3	鋅	
1711	3EEE	釪	40182	1746	3FB4	鶋	41145
1712	3EEF	鉄	40213	1747	3FB5	闈	41363
1713	3EF0	㊰		1748	3FB6	閲	41430
1714	3EF1	㊚		1749	3FB7	阸	41581
1715	3EF2	㊛		1750	3FB8	雀	41940
1716	3EF3	隩	41872	1751	3FB9	霖	42403
1717	3EF4	侗	778	1752	3FBA	靖	42569
1718	3EF5	韵		1753	3FBB	靛	42577
1719	3EF6	㊤		1754	3FBC	韁	43047
1720	3EF7	麕	44542	1755	3FBD	韓	43209
1721	3EF9	姶	6163	1756	3FBE	顥	43716
1722	3EFA	鋞	40371	1757	3FBF	颻	43930
1723	3EFB	鈴	40354	1758	3FC0	馱	44618
1724	3EFC	鈤	40384	1759	3FC1	駰	44637
1725	3EFD	鎧	40433	1760	3FC2	駼	44809

	JIS コード	文字	大漢和 検字番号		JIS コード	文字	大漢和 検字番号
1761	3FC3	騵	44925	1796	3FE6	逄	38847
1762	3FC4	耦	28952	1797	3FE7	戜	
1763	3FC5	驁	44963	1798	3FE8	桲	14805
1764	3FC6	驡	45068	1799	3FE9	德	
1765	3FC7	鬒	45544	1800	3FEA	𢦏	
1766	3FC8	鬟	45588	1801	3FEB	曨	14255
1767	3FC9	鰑	46246	1802	3FEC	漚	18139
1768	3FCA	鯍		1803	3FED	予	240
1769	3FCB	鹹	46849	1804	3FEE	⿰鬲舜	
1770	3FCC	鶍	47073	1805	3FEF	ゆ⃝	
1771	3FCD	鷤	47411	1806	3FF0	逥	
1772	3FCE	鸝	47507	1807	3FF1	翃	28639
1773	3FCF	⿱殸吾	47643	1808	3FF2	臀	30004
1774	3FD0	ぴ⃝		1809	3FF3	⿱邊土	21235
1775	3FD1	辧	38655	1810	3FF4	⿰王享	
1776	3FD2	玘	20848	1811	3FF5	賖	36786
1777	3FD3	妤	6105	1812	3FF6	睎	23393
1778	3FD4	蕆		1813	3FF7	癀	
1779	3FD5	澌	18328	1814	3FF8	渼	17790
1780	3FD6	ⓔ		1815	3FFA	美⃝	
1781	3FD7	⿰犭又		1816	3FFB	篪	26360
1782	3FD8	菱	32087	1817	3FFC	⿰骨占	45156
1783	3FD9	⿰弓旁		1818	3FFD	誅⃝	
1784	3FDA	㊕		1819	3FFE	⿰馬舜	
1785	3FDB	鉢	40253	1820	40A1	橡	15864
4786	3FDC	乳⃝		1821	40A2	裄	
1787	3FDD	偎	843	1822	40A3	墅	5290
1788	3FDE	⿱日朋		1823	40A4	椊	15019
1789	3FDF	搯		1824	40A5	駎	44604
1790	3FE0	撑		1825	40A6	婔	
1791	3FE1	頍	43369	1826	40A7	消	17762
1792	3FE2	釱		1827	40A8	暘	14009
1793	3FE3	婷	6457	1828	40A9	嵘	
1794	3FE4	曮	14272	1829	40AA	蓓	31663
1795	3FE5	校	14979	1830	40AB	紃	27241

JISコード	文字	大漢和検字番号		JISコード	文字	大漢和検字番号
1831	40AC	㊂		1866	40CF	璀	21193
1832	40AD	猷	21777	1867	40D0	賷	31987
1833	40AE	鮷		1868	40D1	禡	24799
1834	40AF	㊉		1869	40D2	肛	30362
1835	40B0	㊑		1870	40D3	駔	44665
1836	40B1	蛍	32902	1871	40D4	磝	24447
1837	40B2	暐	14049	1872	40D5	驗	44787
1838	40B3	噲		1873	40D6	莧	31074
1839	40B4	玧		1874	40D7	淫	17589
1840	40B5	霻		1875	40D8	銻	40428
1841	40B6	皀		1876	40D9	鬛	44554
1842	40B7	烱		1877	40DA	鴬	44709
1843	40B8	葇		1878	40DB	偟	868
1844	40B9	蜊		1879	40DC	襲	48830
1845	40BA	忻		1880	40DD	冤	7130
1846	40BB	睟		1881	40DE	絪	27411
1847	40BC	溇	18113	1882	40DF	牂	19774
1848	40BD	熒	19280	1883	40E0	喋	3920
1849	40BE	岂	7977	1884	40E1	調	35453
1850	40BF	薊	32100	1885	40E2	噩	4377
1851	40C0	瓘	21357	1886	40E3	眼	13938
1852	40C1	㊙		1887	40E4	櫕	15801
1853	40C2	娿	6441	1888	40E5	勧	2474
1854	40C3	爤	19431	1889	40E6	鈘	40233
1855	40C4	养		1890	40E7	芁	30663
1856	40C5	蹿	37617	1891	40E8	枘	14504
1857	40C6	鍉	40601	1892	40E9	奇	5966
1858	40C7	梢	34455	1893	40EA	肩	11728
1859	40C8	佟	522	1894	40EB	浧	17877
1860	40C9	敿		1895	40EC	仯	650
1861	40CA	錂	40558	1896	40ED	曦	14253
1862	40CB	鍜	40626	1897	40EE	奈	14659
1863	40CC	羮	28438	1898	40EF	鈵	40268
1864	40CD	芒	30706	1899	40F0	償	1090
1865	40CE	芡	30705	1900	40F1	嗳	4394

	JIS コード	文字	大漢和 検字番号		JIS コード	文字	大漢和 検字番号
1901	40F2	晈	13897	1936	41B7	憼	13306
1902	40F3	櫨	1412	1937	41B8	閎	41283
1903	40F4	菇	31235	1938	41B9	袊	24991
1904	40F5	珅	20902	1939	41BA	蓡	
1905	40F6	鎦	44912	1940	41BB	鐥	
1906	40F7	鈆	40211	1941	41BC	皁	
1907	40F8	橄	15833	1942	41BD	䒾	
1908	40F9	俚	637	1943	41BE	欽	
1909	40FA	憍	11338	1944	41BF	圓	
1910	40FB	翮	28776	1945	41C0	熞	19079
1911	40FC	襪	24832	1946	41C1	苞	30789
1912	40FD	硈	24203	1947	41C2	軐	38304
1913	40FE	潦	18182	1948	41C3	遴	39117
1914	41A1	徛	10244	1949	41C4	戕	11562
1915	41A2	錂	40515	1950	41C5	鍐	40740
1916	41A3	睟	23409	1951	41C6	夔	32412
1917	41A4	鵤	46982	1952	41C7	玥	20867
1918	41A5	貤	36667	1953	41C8	钖	
1919	41A6	圂	31309	1954	41C9	硙	24392
1920	41A7	珅	20910	1955	41CA	誹	43274
1921	41A8	瀬	18800	1956	41CB	龘	48845
1922	41A9	暗	14088	1957	41CC	津	1640
1923	41AA	湄	17809	1958	41CD	亥	
1924	41AB	紓	27276	1959	41CE	漢	18704
1925	41AC	濉	18667	1960	41CF	晬	13977
1926	41AD	慶	47599	1961	41D0	璠	
1927	41AE	磢	24409	1962	41D1	苤	30795
1928	41AF	鱻	48886	1963	41D2	萶	31206
1929	41B0	瀇	18594	1964	41D3	磔	22806
1930	41B1	叴	3685	1965	41D5	迤	38785
1931	41B2	嵓	8295	1966	41D6	衡	34076
1932	41B3	孀	6911	1967	41D7	鈊	40206
1933	41B4	櫺	15985	1968	41D8	薄	31877
1934	41B5	漠		1669	41D9	鈉	40210
1935	41B6	嗆	3991	1970	41DA	聰	44967

181

	JISコード	文字	大漢和検字番号		JISコード	文字	大漢和検字番号
1971	41DB	縠	21171	2006	41FE	堅	20060
1972	41DC	舛	26939	2007	42A1	鵠	47034
1973	41DD	縑	27750	2008	42A2	鍱	40345
1974	41DE	鎏	40696	2009	42A3	鈺	40300
1975	41DF	洐	17371	2010	42A4	瀅	
1976	41E0	倶	944	2011	42A5	鐏	40885
1977	41E1	泽	17889	2012	42A6	燈	6721
1978	41E2	虖	32684	2013	42A7	姤	6215
1979	41E3	暉	14123	2014	42A8	郊	39421
1980	41E4	踶	37688				
1981	41E5	愲					
1982	41E6	暉	36857				
1983	41E7	丰	75				
1984	41E8	烝					
1985	41E9	綎	27500				
1986	41EA	嶟	8268				
1987	41EB	胗	14348				
1988	41EC	翁	5939				
1989	41ED	蚵	32958				
1990	41EE	醹	39886				
1991	41EF	垕	5597				
1992	41F0	琪	20945				
1993	41F1	赶	37045				
1994	41F2	鑽	40777				
1995	41F3	咄	13840				
1996	41F4	埏	5121				
1997	41F5	瞫	23741				
1998	41F6	倧	789				
1999	41F7	僉	10632				
2000	41F8	照					
1221	41F9	糝	15370				
2002	41FA	㢰	9321				
2003	41FB	桯	14801				
2004	41FC	鋅	40557				
2005	41FD	嶰	8526				

付録H

連　絡　先

1. 『JAPAN／MARC』について

　　国立国会図書館　　　〒１００－８９２４　東京都千代田区永田町１－１０－１
　　　　　　　　　　　（ホームページアドレス　http://www.ndl.go.jp）
　　　　　　　　　　　電話　　（０３）３５８１－２３３１（代表）

　　　全般について　　　　　　　　　　　＜内線番号＞　　　＜直通電話＞
　　　　書誌部書誌調整課データ標準係　（内）２５１２０　　０３（３５０６）３３６２

　　　書誌データの内容について
　　　　単行資料（図書）　記述・タイトル標目・著者標目
　　　　　書誌部国内図書課　　　　　　（内）２５２０１
　　　　単行資料（図書）　分類標目・件名標目
　　　　　書誌部国内図書課　　　　　　（内）２５２５０
　　　　単行資料（電子資料・非図書資料）
　　　　　書誌部外国図書・特別資料課　（内）２５３２０
　　　　逐次刊行資料
　　　　　書誌部逐次刊行物課　　　　　（内）２５４０１

2. 『JAPAN／MARC』の販売について

　　　総発売元：　**日本図書館協会**　　　　　　　　　　　０３（３５２３）０８１２
　　　販売代理店：　**株式会社紀伊國屋書店**　　　　　　　０３（３４３９）０１２１
　　　　　　　　　キハラ株式会社　　　　　　　　　　　０３（３２９２）３３０１
　　　　　　　　　丸善株式会社　　　　　　　　　　　　０３（３２７５）８５９８

JAPAN/MARC マニュアル	―単行・逐次刊行資料編―	第1版

平成14年11月29日　第1刷発行　　　　定価：本体 2,000円（税別）

編集　　国 立 国 会 図 書 館
　　　〒100-8924　東京都千代田区永田町1-10-1
　　　　　　　　電話　03-3581-2331(代表)

発行　　社団法人　日本図書館協会
　　　〒104-0033　東京都中央区新川1-11-14
　　　　　　　　電話　03-3523-0811(代表)
　　　　　出版販売直通　電話　03-3523-0812
　　　　　　　　FAX　03-3523-0842

ISBN4-8204-0225-0　　　　　　印刷・製本　中央印刷株式会社

JLA 2000235